天皇のはなしをしましょう

『あたりまえ』だと
おもっていることは、
ほんとうに
あたりまえ
なのかしら？

彦坂諦

「戦争と性」編集室

はじめに

「あたりまえ」だとおもっていること

世のなかには、そんなこと「あたりまえ」だって、だれもが考えていることが、たくさんあります。成年に達した男女が、たがいに好きになって、いっしょにいたいって思ったときに、だれもが、あたりまえのこととして考えるのは「結婚」でしょう。いまどき、仲人を立て、結納をすませて、正式に結婚式へと進むというひとは、絶対多数ではなくなっているでしょうが、しかし、神前であれ、教会であれ、盛大にであれ、ささやかにであれ、「結婚式」をとりおこなうのは「あたりまえ」でしょう。

結婚式をおこなうことによって、親類縁者、友人をはじめ関係者みんなに、二人の「結婚」を認めてもらう。さらに、婚姻届を出すことによって、夫婦であることを国家から正式に認めてもらう、と同時に、婚姻に関する夫婦の法的義務をも負うことになります。これって、ごくごく「あたりまえ」のことだとおもわれていますよね。

しかし、二人の男女がともにくらすのに、いえ、いまでは男女だけでなく、ＬＧＢＴのひとのあいだでも「結婚」というかたちでともにくらすひとたちが出てきているのですが、そういう二人がともにくらすのに、親類縁者や友人たちや職場や地域やのひとたちから、まして、国家から、認めてもらわなければいけないのでしょうか?

　具体的におはなししましょう。わたしがいまは亡き浦野衣子（筆名・白井愛）という女性と出会い、愛しあい、ともに生きることを選択したとき、わたしたちは、ふたりとも、どういうひとたちからのどのような承認も得ようとは思いませんでした。まして、わたしたちの生きるよりどころとは認めていない国家からの承認など、こちらからねがいさげでした。

　ですから、わたしたち二人は、むろん、「婚姻届」など提出せず、「夫婦」の義務とされている「同居」もおこなわず、めいめいが、自立した「個人」として生き、会いたいときに会っていました。

　とりわけ、わたしたちは、二人とも、あらゆることをともに考え、そのことについて話しあい、それを文字に記していくという作業をともにしていました。「創作活動」をともにしていたのです。おたがいに、書いたものを点検しあう。たわむれに、「検閲」と言っていましたが、たとえば、わたしは、浦野衣子の「検閲」を通らなければ、その原稿を発表はしていません。

　二人とも、山歩きを愛していました。じっさいには余裕のない生活のなかで、時間をくすねては、二人で山を歩いていたのですが、そういう生活を、すくなくとも三〇年以上はつづけてきたのです。ただ、たがいに老齢に達し、たがいに、健康状態をおもんばからなければならなくなったとき、ある偶然のきっかけから、同居することにしたのでした。

　こういった生活を選んだのは、わたしたち二人にとっては、ごくごく自然なことでした。しかし、世間の目からすれば、けっして「あたりまえ」なことではなかったのですね。つまり、わたしたち二人にとって「あたりまえ」であることが、この社会の圧倒的多数のひとびとからすると「あたりまえ」じゃなかった。

もうひとつ、卑近な例をあげておきましょう。身内のだれかが亡くなりますと、ごくごく「あたりまえ」のこととして「御葬式」がとりおこなわれます。「告別式」というばあいもあります。いずれにせよ、亡くなったひと＝故人をしのび「別れ」をつげる儀式ですね、これは。

この「葬儀」のなかで、重要な位置を占めているのが、「弔辞《ちょうじ》」です。ここでわたしが注目しているのは、この「弔辞」のありようです。きまって、故人の「功績」をたたえる。まかりまちがっても、故人の生前の言動を批判したりはしません。それが禁忌であることは、「あたりまえ」なのです。程度の差こそあれ、弔辞では、故人が世のためひとのためいかにつくしたかを縷々のべるのが「あたりまえ」なんですね。

じつは、死者を「悼む」ということはまったく「私的」な行為であって、いかなる意味にあっても、「公」の意味はもちません。しかし、それでは、残されたひとたちは満足できないのですね。亡くなったひとが、なにか、世のためひとのためにつくしたのであるという、いわば「公的」な意味をもっていると、おもいたい。つまり、死者を「顕彰」したい。

このような「あたりまえ」の「民意」に国家がつけこんで、その気持を組織します。日本国でなら、靖国神社がその典型ですね。ここでは、あらゆる死者に、国家のためにたたかって死んだのであるという、意味づけがなされています。

民間の、それぞれの家での、死者の送りかた＝葬儀が、ここで、国家によってみごとにくすねとられている。それも、よくよく考えれば、わたしたち一般のひとたちが「あたりまえ」のこととしておこなっている葬儀のしかたがあるからですね。

このように、「おめでたい」ことも「悲しい」ことも、世間一般のひとびとは、とくに意識することなく、「あたりまえ」のことを「あたりまえ」のこととして、やっているにすぎないのですね。

しかし、というより、だからこそ、この「あたりまえ」のことを「あたりまえ」のこととして、無意識のうちにやっていると、その結果、わたしたちは、だれによって、どこへ導かれるのか？

「国を愛する」というきもちは、いわば「あたりまえ」のことです。しかし、このわたしは、「国」とふつう漢字で書かれているのは「国家」のこと、具体的には、「日本国」という名を持つ国家のことであり、さらに言うなら、この「日本国」を乗っ取って好き勝手に支配している政権のことであると考えていますから、そんな国家を愛する気にはとうていなれません。

しかし、わたしは、この日本列島の自然を、そこでくらしているひとびとを、とりわけ、そのひとびとがむかしから話してきた言葉＝日本語を、こよなく愛しています。そうしたものやことの総体を、わたしは「くに」とひらがなで記します。これは、ひとがそこで生まれ、そこで育った、その土地のことです。「ふるさと」「故郷」のことです。

しかし、こんなふうに厳密に「国」と「くに」とを区別しているひとはすくないでしょう。ですから、「日本人」である以上「日本国」という「国」を愛するのは「あたりまえ」のことだとおもっているのではないでしょうか。

その「国」を「護ろう」という気持＝「愛国心」をいだくのは、「あたりまえ」のことでしょう。問題は、どうやって護るのかという具体的なことなのですが、ふつうは、そんなふうには考えません。「国」を護るとは、具体的にはどういうことか、だれが、どういうしかたで護るのか、などといったことは考えないのです。「国を護る」ってのは「あたりまえ」のことだとおもわれているからです。

問題は、この「あたりまえのことだ」という気持が、現実には、この日本国を乗っ取って支配している、よこしまで無能な政権によって、すきなように利用されてしまっている、ということなのですが、そうであるとは、だれも感じていないようです。だけど、じっさいには、もう、かなり利用されてしまっているのではないでしょうか？　なぜか？　だれもが、「あたりまえ」だとおもっていることを、けっしてうたがわないでいるからではないでしょうか？

「あたりまえ」だとおもっていることは、ほんとうに「あたりまえ」なのでしょうか？　いちど、まわりの騒音にまどわされることなく、しずかに、自分のあたまと、自分のきもちとで、検討してみてはいかがでしょう？

目次

装幀　白岩砂紀

第一章「あたりまえ」だとおもっていることは、
ほんとうに、あたりまえなのかしら？

第一章「あたりまえ」だとおもっていることは、ほんとうに、あたりまえなのかしら？

「天皇」がいることも、あたりまえなのでしょうか？

天皇とよばれているひとが、この日本にはいます。だれもが、それは「あたりまえ」だとおもっているようです。ですから、なぜ、いるのか、いなければいけないのか、なんて、だれも考えない。だって、そうでしょう？　生れたときには、もう、天皇はいたのですからね。空気や水や森や山のように。

わたしのように、日中戦争のさなかに生れた者にとっては、そこにいた天皇*とは裕仁《ひろひと》であったのですが、いまこの国にくらしている大部分のひとたちにとっては、生れたときにいた天皇は、明仁《あきひと》さんの顔をしていたし、皇后は、美智子さんの顔をしていたにちがいありません。この二人は、では、どんな顔をしていたのでしょう？

二〇一一年、三月一一日、東日本大震災がおきました。このとき、天皇明仁さんは、皇后美智子さんといっしょに、被災地を訪れ、被災者たちになぐさめとはげましの言葉をかけてまわりました。そのようすがテレビを通して全国に届けられましたね。あまり熱心な視聴者ではないわたしの眼にも、この映像はとびこんできました。

それを見ながら、不意におもいうかべたことがあるのです。一九四五（昭和二〇）年三月一〇日の東京大空襲のあと、八日経った三月一八日に、裕仁天皇が焼け跡を訪れたときの光景です。いま、おもいうかべたと言いましたが、正確に言うと、そのときわたしはそこにいなかったし、その光景がどのようなものであったかなど、知るよしもなかった。なのに、まるでその光景をまのあたりにしたようにおもいうかべたのは、敗戦後二六年を経て筑摩書房から刊行された堀田善衛の『方丈記私記』によって、そのありさまを追体験したからにほかなりません。

こんかい、つまり二〇一一年三月一一日に発生した大地震、大津波、福島第一原発の炉心溶融という致命的大事故のあと、三月三〇日には、天皇明仁さんは皇后美智子さんといっしょに、東京都内武道館に避難している被災者を訪れたそうです。これを皮切りに、四月には千葉県旭市、茨城県北茨城市、宮城県の被災地を、五月に入ってからは、岩手県、福島県と、つぎつぎに被災地を訪れ、そのようすは、いずれも、テレビで全国に放映されました。そのごく一部をしか、わたしは観ていないのですが。それでも、こうした訪問のありようには、あるパターンが観てとれました。

まず、服装です。避難所のなかで被災者に話しかける明仁さんは、作業着のようなジャンパーを着ている。美智子さんは、普段着にカーディガンを羽織っています。帽子はかぶっていません。つぎに立ちいふるまい。明仁さんも美智子さんも、床にひざをついたり、ときには正座して、つまり、被災者とおなじ目の高さから、「お見舞いの言葉」をかけている。スリッパは履いていなかったですね。福島第一原発の致命的事故をひきおこした東電の社長が、スリッパを履き、ちょっと、小腰をかがめて「謝罪」していたのと、じつにいいコントラストでした。こういった天皇・皇后の服装とかふるまいとかは、そのむかしとずいぶんちがってきています。
裕仁が天皇であったころ、「宮城（いまでは「皇居」と言いますね）」を出て、一般民衆のなかへ入っていくという光景が見られた機会は、おおまかに言って、戦中から戦後にかけて、二度ほどありました。とは言え、一度目、つまり一九四五年三月の東京大空襲のさいには、焼け跡をただ視察しただけで、民衆のなかへ入っていったとは言えません。ですから、裕仁天皇がじっさいに民衆のなかへ入っていった最初の機会は、敗戦後に全国各地を訪れた、いわゆる天皇「御巡幸」のときであったと言っていいでしょう。
さて、一九四五年三月、東京大空襲の焼け跡にあらわれた裕仁天皇のようすは、堀田善衛によって、つぎのように描かれています。永代橋の方向からあらわれた「ほとんどが外車である乗用車」の車列のひとつ「小豆色の、ぴかぴかと、上天気な朝日の光を浴びて光る車のなかから」降り立った天皇裕仁は、「軍服に、磨きたてられた長靴」を穿き、胸には「大きな勲章までつけていた」。

それは焼け跡とは、まったく、なんとも言えずなじまない光景であって、現実とはとても信じ難いものであった。それ以上に不思議な景色《けいしょく》はないと言い切ってよいほどに、生理的に不愉快なほどにも不調和な光景であった。

（『方丈記私記』）

このとき、裕仁天皇は、すこし歩いて焼け跡——といってもじっさいにはきれいに片づけられたあとであったのですが――のようすを見たあと、臨時にしつらえられた机のうえにひろげられた地図を見ながら、「高位の役人や軍人たち」から説明を受けた、それだけでした。民衆に語りかけるすがたなど見られていません。

敗戦の翌年の元旦に、裕仁天皇はいわゆる「人間宣言」をおこないますが、そのあと、翌二月に神奈川県を訪れたのを皮切りに、一九五四年年の八月まで、沖縄をのぞく都道府県をくまなく訪れています。いわゆる天皇「御巡幸」です。このときの天皇の服装は、背広にネクタイ。寒い時期には外套を着ています。

移動手段には「お召列車」と「御料車《ごりょうしゃ》」が使われています。「御料車」は、東京大空襲のあとで堀田善衛が見たのとおなじタイプの外車で、正面に「菊の御紋章」がついている。ここまでは戦時中と変りありませんが、ただ、このときはじめて、裕仁天皇は、歩きながら中折れ帽を片手でちょっともちあげ、あるいは、しつらえられた台のうえから、帽子をうちふって、群衆の歓呼にこたえたりしています。

当時はまだ国民学校のままだった愛知県のある小学校にたちよったときには、六年生の生徒たち六人と、つぎのような会話をしていると報告されています。

「おうちは焼けたの」
「ハイ、焼けました」
「みんな無事でしたか」

「ハイ、みんな大丈夫です」
「そう、それはよかったね」
「ありがとうございます」
「しっかり勉強して、りっぱなひとになりなさいね」

東京大空襲のさいの軍服姿と戦後の背広姿とは、それぞれの時代を映しているでしょう。裕仁の息子明仁さんの作業着すがたも、現代における天皇のありようを映しだしています。無帽で避難所入りをし、ひざをつくか正座して避難民とじかに言葉をかわすといった光景も、天皇のいまのありようを象徴していると言っていいでしょう。

こんなふうに、天皇は、時代に即応して、服装や立ちいふるまいを変えてきているようですが、天皇を迎える民衆の姿勢のほうは、すこしも変ってきていないようです。それどころか、ある意味では、戦後の一時期より戦中に近いようにさえおもわれます。

こんかい、天皇明仁さんと皇后美智子さんを迎えた被災者たちは、いずれも、感動しているようでした。すくなくとも、テレビに映しだされた被災者の表情からは、感動しているようにしか見えなかったですね。戦後の裕仁天皇「御巡幸」のさい、京都大学の学生たちが、「京大生は天皇を歓迎せず」というプラカードをかかげ、「君が代」ではなく「インターナショナル」を歌いだした、というような抗議のしかたは見られなかったですね。それどころか、感動のあまり涙をこぼさんばかりであったひとまでいたらしい。

当時の菅《かん》総理大臣が被災地を訪問したときとはいい対照です。菅総理は、大統領制をとっていない日本国では、最高権力者です。その彼が、みずから被災者を慰問しにきたというのに、被災者たちは、血相を変えてつめより、口々に政府の無為無策を難詰したのです。

それなのに、明仁天皇と美智子皇后には、不満のかけらも、もらさなかった。ばかりか、あたたかいお言葉をかけていただいたことに恐懼感激《きょうくかんげき》している。このちがいは、いったいどこからきているのかしら？

一九四五年三月、東京大空襲の被災地を「視察」しにきた裕仁天皇を、民衆がどのような態度でむかえたかについて、堀田善衛はつぎのように記録しています。

わたしが歩きながら、あるいは電車を乗りついで、うなだれながら考えつづけていたことは天皇自体についてではなかった。そうではなくて、廃墟でのこの奇怪な儀式のようなものが開始された時に、あたりで焼け跡をほっくりかえしていた、まばらな人影がこそこそというふうに集《つど》って来て、それが集ってみると実は可成りの人数になり、それぞれがもっていた鳶口《とびくち》や円匙《えんし》を前に置いて、しめった灰のなかに土下座をした、その人たちの口から出たことばについて、であった。早春の風が、何一つ遮るものもない焼け跡を吹き抜けて行き、おそろしく寒くてわたしは身が凍える思いをした。心のなかもおそろしく寒かったのである。風は鉄の臭いとも灰の臭いとも、つかぬ陰気な臭気を運んでいた。
わたしは方々に穴のあいたコンクリート塀の蔭にしゃがんでいたのだが、これらの人々は本当に土下座して、涙を流しながら、陛下、わたしたちの努力が足りませんでしたので、むざむざ焼いてしまいました。まことに申し訳ない次第でございます、生命をささげまして、といったことを、口々に小声で呟いていたものだ。

（『方丈記私記』）

この光景に接して、堀田は心のそこからおどろいた、と告白しています。そのとき堀田自身は、「ピカピカ光る小豆色の自動車から降り立った天皇と、ピカピカ光る長靴とをちらと眺めながら」、こんなことになってしまった責任を、このひとたちは、いったいどうやってとるつもりなんだろう、と考えていたのですね。こいつらを「ぜーんぶ海のなかへ放り込む方法はないものか」とまで。ところが、責任はその「原因をつくった」側にではなくて、その結果をこうむった側にある、つまりは「焼かれてしまい、身内の多くを殺されてしまった者」のほうにあることになる。「そんな法外なことがどこにある！こういう奇怪な逆転がどうしていったい起こりうるのか！」

二〇一一年三月にも、まさに「こういう奇怪な逆転」がおこっていたのではないでしょうか？　さすがに、現代の民衆は、天皇をむかえたからといって、土下座まではしていません。こんなことになったのはわたしらがいたらなかったせいです、もうしわけございませんでした、とも言いませんでしたが。

大地震と大津波それ自体は天災です。ですが、その天災にともなって生じたもろもろのことがらは、あきらかに人災ではないでしょうか？　そのことに対する責任は、福島第一原発の大事故による災害に関してなら、まず東京電力という企業にあるでしょう。そうして、また、そのことをもふくめて、究極的には、日本国という名の国家そのもの、その国家を支配運営している政府にある、ということは、だれの眼にもあきらかになっています。にもかかわらず、この国家の象徴である明仁天皇がその責任を負わなければならないのだとは、どうやら、だれも、思いもしなかったらしいのですね。これもまた、「奇怪な逆転」現象ではなかったのか？

このような「奇怪な逆転」現象を、民衆のうちにひきおこす原動力とはなにか？　それこそが、天皇という存在ではないでしょうか？　そういった力を民衆のなかに有効に作用させるためにこそ、「天皇制」という制度があるのではないでしょうか？　逆に言えば、天皇制という制度があり、天皇という存在が、このようなものとしてあるからこそ、わたしたちのこの国の民衆の心のうちでは、いつでも、どこでも、すんなりと、このような「逆転現象」がおこりうるのではないか？　それにしても、なぜ？

この穢《けが》れに穢れきった為政者たちのなかで、ただひとり、穢れのない存在、それが天皇である、ともわれているからです。天皇がそういった存在でありうるのは、そして、天皇が「空虚な中心」であるからなのですね。

天皇を、そのような存在としてしつらえ、その効力を存分に利用してきた、そして、いまも、これからも、利用しようとしているのは、なんのことはない、この日本国を乗っ取って支配しているよこしまで無能な政治家たちなのではないか？　けれども、天皇をそういった存在たらしめているのは、ほかでもない、わたしたち民衆なのではないでしょうか？　なぜ、そうなってしまうのでしょう？

あなたは、自由の重みに耐えることができますか？

一九世紀ロシアの作家ドストエフスキーが書いた長編小説『カラマーゾフ兄弟』の第二部第五篇は「プロとコントラ」というタイトルで、そのなかに「大審問官説話」というお話があります。この長い小説を通読していなくてもこの部分だけは知っている、というひともいるでしょう。

一六世紀、スペイン、セヴィリアの広場に、そのひとはあらわれます。百人の「異端者」が、大審問官の指揮のもと、「国王、廷臣、騎士、枢機卿、それにとびきり美しい宮廷の奥がたたちが列席しセヴィリア全土から集ったおびただしい人間たちの前で」焼き殺された、その翌日のことでした。

そのひとは、「しずかに、人に気づかれないように」あらわれました。なのに、ひとびとはすぐにそのひとがキリストであるとさとったのです。ひとびとは、あらがいがたい力につきうごかされて、そのひとのもとへおしかけ、そのひとをとりかこみ、そのひとにしたがっていきます。

そのひとは、ひとびとの苦悩をかぎりなくともにするおだやかなほほえみをうかべながら、黙って、ひとびとのなかを進んでいきます。このひとによって、老人の幼いころから見えなかった眼が見えるようになり、死んだ七歳の女の子が生きかえります。ひとびとのあいだに慟哭がおこります。

そのとき、その広場を、大審問官が通りかかる。九〇歳に近い老人で、背が高く、しゃきっとした姿勢で、頬はこけ眼はくぼんでいるがその奥には火花がきらめいていた。彼は、すべてを見てとると、白髪のまじる濃い眉をひそめ、眼には不吉な炎がゆれはじめました。彼は、指をのばして、その者を逮捕せよと命じます。

一日が過ぎ、暗くて暑い、死んだようなセヴィリアの夜、深い闇のなかにとつぜん牢獄の扉が開き、老いた大審問官が、手に灯りをもって、一人きりで、ゆったりと入ってきます。

ここで、大審問官と囚人であるキリストとがとりかわす対話において、人間の自由に関する根源的な問題が論じられていくのです。といっても、じっさいには、大審問官が一方的にしゃべりつづけ、そのあいだ、キリストは、しみいるようにしずかに、大審問官の眼を見つめたまま、ただ、じっと聴いているばかりであったのですが。

大審問官は、キリストが、人間の自由意志に訴えたことを非難します。キリストは、人間の弱さや奴隷根性を無視したのだ、と言うのです。人間は、弱く、卑しく、つくられている。なのに、そのような人間を、こともあろうに、おまえは尊敬したのだ。もし、おまえが、人間をあれほど尊敬しなかったなら、あれほど多くは要求しなかっただろう。そのほうが、ずっと、人間を愛したことになっていたにちがいない。

人間ってやつは、自由の重みに耐えることができないのだ、と大審問官は言い切ります。人間に自由をあたえてみるがいい。三日とたたないうちに、どうかこの自由はお返ししますから、わたくしどもをお導きください、といって、自由を返しにくるにきまっているのだ。

人間ってやつは、自分の自由をわれわれの足下に捧げて、懇願するものなのだ。奴隷にしてくだすってけっこうですから、どうか食べさせてください、と。人間どもが必死に探しもとめているのは、だれにひざまづくべきか、だれに良心をゆだねるべきか、なのだ。なのに、おまえは、その人間に良心の自由をあたえた。つまり、なにをどのように決めて行動すべきかを、自分で選ぶ自由を、人間に残した。人間にとって、これ以上の苦痛があるだろうか。

こういってキリストを批判する大審問官とは、では、なにものなのでしょうか？　この彼の立場を要約すると、つぎのようになります。

人間は、弱くて卑しい存在であるから、自由の重みには耐えられない。その重荷を担う苦痛から、人間を解放してやるために、われわれは、進んでその重みを担ってやる。人間が、なにをどのように決めて行動すべきかについて悩み苦しむことのないように、なにを、どのように為すべきかをはっきりと指し示してやるのだ。

これは、人間にとって、まさに普遍的な、根本問題ではないでしょうか？　自由を捧げて跪《ひざまず》く相手が、キリスト教とりわけカトリックの世界では、神の子キリストをこの世で代表する教会であり、その象徴的具体像であるローマ法王だというだけのことではないか？　では、わたしたちのこの日本列島のこの精神的風土のなかにあっては、どうか？

堀田善衛が『方丈記私記』のなかで語った一つのエピソード、すなわち、東京大空襲の直後に被災地を視察にやってきた裕仁天皇に、被災者たちが土下座してあやまっている光景に接した堀田が、この災害のこの悲惨の責任が、その原因をつくった側にではなく、その被害をこうむった側にあるといった「奇妙な逆転」について語っていたことを、もういちど想起してみましょう。

こういった「奇妙な逆転」をおこさせる力を天皇はもっていました。その力を天皇にあたえていたのは、ほかでもない、民衆自身であったのですね。民衆は、自分のあたまで考え、自分で決定し、自分でそれを実行するだけの力を、すなわち、せっかく与えられている自由を、自由に行使しえない。自由の重みに耐えられないのですね。

だから、穢れきったこの国のなかで唯一穢れのない存在であるとされている天皇にすがる。天皇のまえに跪いて、どうかわたくしどもを正しくお導きくださいと、ねがうのではないでしょうか？「奇怪な逆転」は、そこからうまれるのですね。

天皇を、そのような存在としてしつらえ、その効力を存分に利用してきたのは、この日本国を支配してきたひとたちです。けれども、天皇をそのような存在たらしめているのは、わたしたち民衆なのですね。わたしたち民衆は、つねに、だれかにたよりたがっています。自由であることはコワイ。自由で、自立した個人である重みには耐えられない。

存在そのものにおいて浄化されている聖なる存在を、民衆は必要としている。そうであるかぎり、天皇制はなくならないでしょう。堀田の言うこの奇怪な作用に関するかぎり、戦前戦中の硬直した天皇制も、現在のソフトな天皇制も、同じ力をもっています。

ということは、たんに政治的に天皇制に反対し、天皇制の廃絶を求めて運動しても、それだけでは、その目的をとげることはむつかしいってことでしょう。わたしたちの「内なる天皇制」を、わたしたちがそれぞれ、個人として廃絶しないかぎり、わたしたちの外に君臨している天皇制を廃絶することはできないのですね。そのわたしたちの内なる天皇制とは、じつは、こういった外なる天皇制が、まさにそうしようとしている方向へと、無意識に心がうごいてしまうといった精神構造のうちに、深く巣くっているのではないでしょうか？

第二章　あなたは天皇を尊敬していますか？

第二章　あなたは天皇を尊敬していますか？

インターネットで検索していると、おもしろい調査報告に出会いました。「なぜ日本人はこれほどまでに天皇を『尊敬』しているのか」というタイトルの論考です。筆者は名古屋大学大学院教授河西秀哉。これは、ＮＨＫが五年ごとにおこなっている「日本人の意識」調査から、日本人の意識がどう変わったかを探ろうとしているものです。

調査結果の推移を見ると、「一九七三年の第一回調査より昭和の時代（一九八八年の第四回まで）は一貫して、上位から『無感情』→『尊敬』→『好感』→『反感』の順であった。その数値を具体的に見ると『無感情』が四三～四七％、『尊敬』は約三〇％、『好感』は約二〇％、『反感』は常に二％といったものであった」といいます。

ただし、一九五〇～六〇年代は、「ミッチーブーム」と言われた明仁皇太子と美智子皇太子妃の個人的人気に支えられ、マスメディアでも多数の報道がなされたため、ひとびとの天皇制への関心は高かった。

一九七〇年から八〇年代になると、天皇制は「地盤沈下」の時期をむかえます（渡辺治『戦後政治史の中の天皇制』青木書店、一九九〇年）。日本社会は「政治の季節」から「経済の季節」へと転換して、企業を中心とした社会が成立し、それに基づく経済問題が社会の中心的関心になりました。

こうした状況では、天皇制の存在価値も低く、注目度もそれほど高くはありませんでした。天皇制は急速にひとびとの関心を失っていきます（河西秀哉『明仁天皇と戦後日本』洋泉社新書、二〇一六年）。「だから、この時の『日本人の意識』調査では『無感情』がもっとも多い。この時期の調査で『無感情』についで『尊敬』が多いのは、象徴天皇制への意識というだけでなく、昭和天皇個人へのひとびとの感情とも見る」ことができます。八〇代となった天皇は、即位から五〇年ほどを経て、その存在感がひとびとに認識されていたのではないか。

昭和の時期でも、調査を経るにしたがって、しだいに「尊敬」が減少していきます（三三％→二八％）。戦前から戦中の間に教育を受けた世代がしだいに減少していき、「象徴」としての天皇しか知らないわかい世代が増えたことが、その要因かとおもわれます。こうした層が「無感情」と答えたのではないでしょうか。

平成の時代に入ると、この数値に変化があらわれてきます。平成五年、一九九三年の調査では、「好感」が急に四三％と数値をのばし、「無感情」が三四％と減少しました。ひとびとの天皇に対する感情でもっとも多いのは「好感」となり、順位が逆転しました。この原因を、河西氏は、一九八九年の天皇即位にあたって、明仁天皇が、「国民とともに」という文言の入った「お言葉」を「ですます調」の口語体で発表したこと、すなわち、明仁天皇がひとびとに語りかけるような態度をとったことで、時代は変ったと受けとめられ、それが新しい天皇制を予感させたからであろうと分析しています。新しい明仁天皇は、美智子皇后といっしょに、進んで全国を旅し、ひとびととの接触をはかっていきます。

これが、「開かれた皇室」と呼ばれ、新しい天皇制のありかたとして、好意的に報道されていきました。それゆえ、「無感情」が減って「好感」が増えたのであると、河西氏は指摘しています。一方「尊敬」は二一％と減少しています。カリスマ的権威を身につけていた昭和天皇とは異なり、明仁天皇にはそうした権威が感じられないために「尊敬」は減少しましたが、「開かれた皇室」への好感が高かったため、「好感」が増えたとおもわれます（吉田裕『現代歴史学と軍事史研究』校倉書房、二〇一二年収録）。「平成」は、身近な天皇制だと実感されています。

この調査、一九九八年には「無感情」が四四％、「好感」が三五％とふたたび順位が逆転しました。おそらく、即位後の報道が落ち着きを見せたことが要因であったのでしょう。その次の調査からは、「無感情」と「好感」が一回ごとに逆転する結果となっているとはいえ、「好感」が昭和の時の約二〇％よりも、三四〜四三％と数値が高くなっていることが、平成の特徴です。やはり、平成は「開かれた皇室」として、ひとびとに身近な存在として「好感」されていたのですね。

ところが、「日本人の意識」調査は、近年、そうした傾向から変化してきました。昭和の時代から平成の最初には減少傾向であった「尊敬」が、二〇〇三年の調査から、じわじわとあがりはじめます。二〇一三年には「尊敬」が三四％になって、もっとも多い「好感」の三五％にせまる勢いを見せたのです。二〇一三年の「尊敬」の数値は、調査以来もっとも高い数字であり、昭和時代より現在のほうが天皇を「尊敬」していると感じるひとが増えている。また、昭和の時代には四〇％台後半もあった「無感情」が二八％に減少していることも重要です。おそらく、これまで「無感情」であったひとびとが「尊敬」

もしくは「好感」に流れている。これには、二〇一一年の東日本大震災後の明仁天皇・美智子皇后の行動や思想が影響しているようにおもわれる、と河西氏は見ています。

大震災後、天皇はすぐに被災者へのメッセージを発したほか、美智子皇后とともに被災者へのお見舞いのため、いちはやく、被災地へ赴き、その後もこれをくりかえしています。これまでの地震災害以上に熱心であり、そのようすがメディアを通して伝えられたからでしょう。そこで展開されたのは、体育館の床に坐っている被災者に対して、床に膝をついて、被災者とおなじ目線で話を聴く天皇・皇后の姿でした。近世天皇制を研究している藤田覚は、そうした天皇・皇后の姿を「わたしには、どこか『ありがたい』というようなやわらかな雰囲気に見えた。天皇・皇后は困難や苦難のなかにいる人びとを『慰撫』する力をもっている、といえるのではないかと思った」と記しています。(「天皇　変わるものと変わらないもの」『思想』第一〇四九号、二〇一一年)。

こうした「ありがたい」という感情が「日本人の意識」調査の「尊敬」へとつながったのではないかと河西氏は分析しています。

この「日本人の意識調査」では、生まれた年ごとにも数値がかわるのですが、「尊敬」については、二〇一三年の調査によると、すべての年代で増加しています(高橋幸・荒牧央「日本人の意識・四十年の軌跡(2)」『【放送研究と調査】二〇一四年八月号)。

それまで、「尊敬」は高年層(六〇歳以上)が高かったけど、若年層(一六〜二九歳)も中年層(三〇〜五九歳)も、全前回二〇〇八年の数値より倍近くも数値があがっています。平成天皇制への「尊敬」という感情が高まったのは、この若年層から中年層の数値の上昇が大きな要因でした。

とはいえ、これを単純に昭和の時代に回帰したと見るのは早計でしょう。昭和時代の調査で「尊敬」と答えたのは、戦前から戦中の教育を受けた世代です。その世代は、昭和天皇に対する強烈な印象、天皇制に対する尊敬の意識を持っていました。今回の「尊敬」は、これとおなじでしょうか？ そうではないでしょう。

現在の天皇・皇后のふるまいに対し、「どこか『ありがたい』」と述べた藤田の言葉が象徴的ですが、まさに「どこか」そう感じる、というのが現在の感情でしょうね。その意味では、共感に近い「尊敬」なのかもしれません。

強い感情ではなく、ゆるやかな「尊敬」。おそらく、現代の政治家のふるまいや社会全体の潮流とは異なる天皇の行動が、そうした感情を想起させているようにおもわれます。

こうしたゆるやかな「尊敬」と「好感」が合計すると七〇％を占めるのが、現在の象徴天皇制です。こうした状況にあるからこそ、天皇が自分から退位したいというメッセージを発したとき、ひとびとの多くは、それに同情し、退位を認めることに賛成したのでしょう。

さて、この調査報告をつぶさに見たわたしの感想は？ わたし自身は、「日本人」という言葉＝概念をしかと定義しないで、無造作に、つまり常識的にもちいているところにも抵抗を感じるし、だいたいこの種の「意識調査」それ自体を信用していないのですが、ここで、その論考のありかたを紹介したのは、「日本人」が天皇に対していだいている感情を調べようとして、とにもかくにも、一定の成果を得ているからです。

この調査報告のタイトルは、「なぜ日本人はこれほどまでに天皇を『尊敬』しているのか」ですが、このような調査に応じるひとびとほどに天皇を「尊敬」はしていなくとも、すくなくとも、こころのどこかで、たとえかたすみでであっても、このいまの徳仁《なるひと》天皇を追いだせないでいるというところが、まず、「日本人」のおおかたのこころねであると言ってもいいでしょう。

このわたしは、一九六五年に、すでに、「わたしは自分の『内』から天皇を追放した」と書いています。なのに、ここまでくだくだしく書いてきたことによって、わたしは、なにが言いたいのか？　徳仁天皇制を支えているのは、この日本列島にくらす、民族的に日本民族に属するふつうのひとびとなのだ、と言いたかったのです。

このふつうのひとびとからの支持がなかったなら、明仁天皇・美智子皇后は存在しえなかったし、徳仁天皇・雅子皇后も存在しえていないのだ、と、このわたしは考えています。日本国憲法第一条には、「天皇は日本国の象徴であり日本国民統合の象徴であって、この地位は主権の存する日本国民の総意に基く」とありますが、これをかみくだいていえば、要するに「日本国民」とここで規定されているふつうのひとびとからの支持がなければ天皇は存在しえないのだということになります。

象徴天皇制などといったアイマイウヤムな名づけをもつ制度であれ、「象徴」の二字を削除した「天皇制」であれ、いずれもれっきとした政治制度であると、わたしは考えています。天皇には、憲法で規定されている国事行為以外の行為はゆるされていない、したがって明仁天皇・美智子皇后が模索した「象徴というしごと」などは憲法違反の行為にすぎない、といったことは、天皇制が政治制度であることを否定するものではありません。

ところがどっこい、このいまの天皇徳仁さんを支えている「日本人」は、そんなこと、意識していない。無意識のまま、徳仁さんに親近感をもっているのですね。それだけであって、そういう親近感をもつということが、客観的には「天皇制」という名の政治制度を支持することになっているのだとは、おもっていない。

このわたし自身は、戦後の「象徴天皇制」であれ、戦前戦中の「絶対主義的天皇制」であれ、およそ天皇制と名づけられる政治制度は有害無益であると考えています。なぜなら、この制度があって、徳仁さんという人物が天皇になっているという事態そのものが、「日本人」とよばれるひとびとの自立思考を妨げているとみなすからです。

現実には、この日本列島を乗っとって支配している政権が、あまりに卑しく無能で、おぞましい、と多くのひとが感じています。けど、その政権が平然と日本国憲法を無視し、ないがしろにすると、天皇がやんわりとそのやりかたを批判します。そこで国民は、なんとなくホッとする。しかし、こういった状態は、本当の意味での民主主義社会を築いていくうえで、けっして、のぞましいとは言えないのではないでしょうか?

第三章　あなたは徳仁さんが好きですか?

第三章　あなたは徳仁さんが好きですか？

おそくとも一九四九年の秋、わたしが中国大連市から帰国したころから、ずうっと、そうして、いまでも、わたしにはよくわからない、ふしぎでならないことがあるのですね。

「日本国憲法」のもとで「日本国」という名のこの国家にくらしている、民族的には「日本民族（ヤマト民族）に属しているひとびとが、なぜ、天皇の話になると、まるでゴリゴリの「天皇教信者」たちの「日本会議」のひとたちと、おなじようなことを口にしてしまうのでしょうか？

わかいひとたちの感覚は、老人たちの感覚とはちがうのではないか、とは、おもいます。とはいえ、わたしのように昭和ひとけたの、それもその一〇年間の最後の昭和八年からあとに生れた老人たちでも、天皇に対する感覚は、わかいひとたちとそうちがわないような気がします。要するに、好きなのですね、天皇が。どんなふうに好きなのかというと、まあ、天皇や皇后をはじめ皇族のひとびとは「アイドル」なのだ、と言ってもよさそうです。

わたしよりまえにうまれたひとたち、つまり、いまではかなりのとしよりになってしまっているひとたちでさえ、そのひとたちがこの世にうみおとされたそのときには、天皇がいたし、そのときからずうっと、天皇は、なんとなくそこにいるのが自然でした。この「日本国」の中心に天皇がいるという状態は、山や川や森や湖や海のように、むかしからあったし、これからさきもずうっとありつづける、といった感覚なのでしょうね。

そのことが、しかし、わたしには、ふしぎでならないのです。だって、そうでしょう、天皇という存在は、自然のように、人間の存在するはるか以前からこの地球上に存在していたのではなく、ある歴史的な時期に、人間がつくりだしたものでしかないからです。すくなくともこのわたしにとっては、天皇とは、神や自然のように超越的存在なのではなく、あくまで、このわたしや、わたしのともだちなどとかわるところのない、ひとりの人間でしかないのですね。そのただの人間を、どうして「国民統合の象徴」などといったわけのわからない存在にまつりあげなければならないのか？

だいいち、「象徴」というのは「もの」でしかありませんからね、生きた、肉体をもった人間を「象徴」にするというのは、その人間を「もの」あつかいにするってことでしょう？　失礼じゃないの？　じっさい、「象徴」としての天皇は、わたしたちふつうの人間がふつうに享有している基本的人権のいくつものことが、行使できない、つまりその権利が奪われているではありませんか？

たしかに、かつて「現人神《あらひとがみ》」であった、つまり、現に人間でありながら同時に神であった裕仁天皇でも、敗戦後「人間宣言」をしたのちには、かなり人間的に生きることが許されましたし、その息子明仁の世代、孫の徳仁の世代になるにつれ、人間としてふつうの感情をいだき、ふつうの生活をおくることのできる幅は、すこしづつひろがってきてはいるようです。しかし、カンジンカナメのところでは、まだまだ、非人間的とりあつかいをまぬかれてはいません。

この事実ひとつとってみても、明仁夫妻も徳仁夫妻も、わたしは、かわいそうだとおもいます。ひとりの人間として自由に生きていけるように、そろそろ解放してあげてもいいのではないかしら？

「天皇制」という「制度」に規制されているからですね

明仁上皇も徳仁天皇も、「天皇制」という政治制度に、存在が規定されています。一九四八年五月三日以降、つまり「日本国憲法」が施行されてからのちは、「象徴」という名をあたえられていますが、これもまた、あくまで、「天皇制」という制度に規定された存在であることには、それ以前とかわりはありません。

この政治制度に規定されているかぎり、徳仁さんも明仁さんも人間として自由に生きることなどできっこありません。徳仁さんや明仁さんだけでなく、じつは、この天皇制という政治制度によって、ほんらい、人間として自由に生きることができているはずのわたしたち民衆までが、そうとうにスポイルされているのですからね。

ですから、わたしは、この政治制度を、できるかぎり早く廃止すべきだと考えてきましたし、いまも考えています。このさきも考えつづけるつもりです。ただ、わたしが、天皇制は廃絶すべきだと主張する理由＝根拠は、ある種のひとびとが予測するような「新左翼系」のひとびとのそれとはことなるのですね。

このいま、この「日本国」のなかで、天皇制を廃止せよと主張しているのは、「新左翼系」のひとたちばかりですね。ところで、「新左翼」の「新」とは、「旧」に対する「新」というよりは、正統左翼を自認する日本共産党に対して、反抗・批判したひとたちの流れを意味しています。

その日本共産党は、「日本国憲法」が第九〇帝国議会で可決成立したさいに、反対票を投じていました。そのときは記名投票であったから、だれが反対の青票を投じたのかは、はっきりと名が残っているのですね。賛成白票四二一に対して、反対青票は八票だけ、そのうちの六票は、志賀義雄、高倉ケン、徳田球一、野坂参三など、共産党員によって投じられたものでした。このとき、日本共産党が「日本国憲法」の制定に反対した理由は、つぎの二点でした。

一、天皇制を残している。
二、自衛のための戦力も否定している。

このうち、天皇制反対を、日本共産党は、のちに、ひっこめました。「日本国民」の大半が「象徴天皇制」になじんでしまっているという状況を見て、軌道修正したのですね。この修正は、革命をひっこめて改革へと路線を変更したこととも関連しています。要するに、「構造改革」の思想をとりいれて、現実的な路線をとることにしたのでした。おなじことは、「憲法第九条」への姿勢にも反映しています。

いまでは、日本共産党が率先して、第九条は人類の悲願の達成であり、「日本国民」が世界に誇ることのできる、根源的平和主義の象徴であると喧伝していますよね。

ですから、いまでは、憲法制定当時には予想もしなかった逆転現象がおこっているのです。「日本国憲法」を推進した保守勢力が、いまや、現憲法の廃絶を求め、批判していた日本共産党が、憲法を護れと主張しているのですからね。

日本共産党のこの姿勢の変化には、むろん、社会主義思想そのものの変化が反映しているでしょう。いまでは、武装した暴力によって権力を倒すという「暴力革命」を追求する左翼はもういません。非暴力によって、つまり、議会で多数を占めることによって、国会の議決を経て、政体を変革する、という現実路線が、圧倒的に優勢になっているのですね。

むろん、政治制度としての天皇制に対する批判は、このわたしのうちにも、厳として存在しています。ホンネとしては、日本国憲法第一章（第一条から第八条まで）を削除して、現第九条を第一条にせよという要求をいだいています。そのことを、ある範囲のひとびとには、明確に表明しているのですが、ほかの多くのひとびとには、けっして、その要求を鮮明にすることはしていません。なぜか？

そう主張することは、現憲法を「改正」するという名目のもとで、じつは、現憲法を廃絶し、現憲法の理念精神とは正反対の、排外主義的憲法を制定しようとたくらんでいる現政権に利用されてしまうことが目に見えているからです。いま、なによりも肝要なのは、たとえ天皇条項をそのまま残したとしても、そのほかの諸条項に表現されている人民主権・平和主義・基本的人権の尊重を、あくまで変えさせないことですからね。

ところで、もし天皇制を廃止したら、日本国は、どういった政体をとるべきだと、お考えになりますか？　共和制をとるのがいい、と、わたしは考えています。むろん、共和制にすると、トランプのような低劣にして無知な人間が大統領に選出されてしまう危険はあります。こういった危険は、むしろ、共和制にはつきものであると言ってもいい。

しかし、共和制のもとでは、いま、トランプのような人物を大統領にすえている責任がだれにあるのかは、だれの眼にも明白です。ただし、このばあいの責任とは、このわたしはトランプに投票しなかったのだからといって、まぬかれうるものではない。すくなくとも、トランプの当選を阻止できなかった、その責任はある。

要するに、トランプを、大統領に選んだのは、総体としてのアメリカ国民でした。そのことに対するアメリカ国民＝有権者の責任は明確です。そのことを明確に自覚しているひとびとは、ですから、その責任をはたすべく奮闘し、結果として、トランプを排除することに成功しました。

一方、わたしたちの「日本国」ではどうか？　たしかに、菅という名の、安倍よりもっと低劣で無恥無能な人物を一国の総理にしてしまった責任を、このわたしをもふくめて、すべての国民が、具体的には有権者が、負っている。そのことは、事実として明確なのですが、そのことをすら、明確に自覚できないでいるひとびとが、圧倒的に多数なのではないでしょうか？　なぜ？

総理大臣がどんなに低劣無能で、わたしたちの生存をすらおびやかすような政治しかやらないでいても、ときの政治情勢には無縁の天皇さんがいるのだ、と、無意識のうちにおもって、安心できるからでしょう。こういう存在は、しかし、百害あって一利なし、ではないでしょうか？

それに、天皇はそもそも「世襲」であって、いかなる意味でも、わたしたちから選ばれることはないのです。したがって、どういう人物が天皇の座につくのかに、わたしたちは関与することができません。これって、すくなくとも、日本国憲法における「主権在民」の精神には、そむいていますよね。

王政が、王となったひとの人物のよしあしに左右されることはすくなくありません。日本国のばあい、徳仁という人物が、多くのひとびとに好かれているってことが、いま、天皇制を安泰にしているひとつの要因ではないかしら。徳仁さんも、父である明仁さんとおなじように、民間から皇妃を迎えたそのいきさつによって、好感を得ていますが、それよりなにより、こうして迎えた雅子さんが、宮中の空気になじめなかったのでしょうか、精神的に不調に陥ったとき、マスコミからかなりひどいたたかれようをした、このとき、「世間の風潮」をものともせず、敢然と妻をまもりぬいたことで、徳仁さんへの好感度はかなりあがったのではないでしょうか?

日本国民の道義頽廃のおおもとは、天皇制にあるのでは?

さて、天皇制は廃止すべきであるとわたしが考えている、もうひとつの理由は、天皇制という制度が、「日本国民」と呼ばれるひとびとの道義を退廃させて、人間としてなによりもたいせつな倫理感覚を麻痺させているのではないか、とおもうからです。

人間にとってなによりもたいせつなこと、つまり、自分のあたまで考え、自分がどう行動すべきかは自分で決めて、その行動の結果には責任をとるということ、この倫理観念が、端的に言って、天皇という存在があることによって腐敗させられているのだと、わたしはおもっています。どういうことか?

いまのこのテイタラクになったおおもと、いわば諸悪の根源は、一九四五年八月一五日にあります。このとき、「終戦の詔勅」と呼ばれている裕仁天皇の「勅語」を公表することによって、「終戦」に「なった」という観念にあるのだと、わたしは考えています。この観念がいけなかった。つまり、諸悪の根源は「敗けかた」にあった。かつての大戦争で同盟国＝枢軸国であったドイツやイタリアとくらべれば、その敗けかたのちがいは歴然としています。

イタリアでは、ムッソリーニを民衆が処刑して、バドリオ新政権をつくり、単独で、連合国へ降伏しました。その直後にナチドイツ軍がイタリア全土を占領したため、イタリアの民衆はまっぷたつに割れ、親と子が兄と弟が血で血をあらう凄絶な内戦を体験しなければならなかったけれど、そのおかげで、戦後は、新しい共和国を築くことができました。

ドイツでは、ヒトラーが自殺してしまったから、民衆による処刑はまぬかれましたが、戦後、ナチスドイツの国家組織を根底的に否定し、ナチドイツ政権に参画していた者たちを犯罪人として追及し、ナチスドイツとはまったくことなる連邦共和国をつくりあげました。

なのに、「大日本帝国」でだけは、まったくちがったふうに、すべてが進行しました。この歴史進行に関しては、占領軍の中心であったアメリカ軍の首脳、具体的にはマッカーサーと、その背後にいたアメリカ合衆国政府の政策が、おおいに関与しています。しかし、「大日本帝国」の支配層が、この占領軍と取引しながら、自分たちの支配権力を温存していったことも事実でした。その過程も、いまでは、あきらかにされています。

要するに、責任の所在をアイマイウヤムヤにし、したがって、責任をとらなければならない事実も、その担当者も、アイマイウヤムヤにしたまま、結局だれひとり責任はとらなかった。

そのさい、こういったひとびとがよりどころにしていたのが裕仁天皇でした。丸山真男をもちだすまでもなく、敗戦前の日本の風土は「一億総無責任体制」と言いうるものであったのですが。その頂点に君臨していたのが裕仁天皇でした。

「大日本帝国」を例外として、世界の諸国では、とりわけ欧米諸国では、あらゆる問題に関して、責任の所在も、そのとりかたもはっきりしています。まっさきに責任を問われるのは、現場にいて実行した人間です。上からの命令だったから、といういいわけは通用しません、なぜなら、現場にいるその個人は、そのときの上からの命令が正しいか正しくないか、つまりその命令を実行すべきか、すべきでないかを、判断する能力を身につけていなければならず、したがって、そこでのその行為には、個人的に責任を負うべきである、と考えられているからです。

戦犯裁判においていわゆるBC級戦犯のひとたちが裁かれなければならなかったのは、このような考えかたが根本にあったからで、こうした考えかた、および、それを基礎とした倫理基準が存在してなかった「大日本帝国軍隊」の末端の兵たちにとっては、それこそ、寝耳に水のできごとであったにちがいありません。

戦前の「大日本帝国軍隊」では、上官の命令は絶対でした。条件反射的にしたがうほかに道はなかった。上官の命令は「朕＝天皇」の命令とこころえよ、と、これは、天皇の名によって正当化されていたからです。命令に反抗したり批判したりすることはおろか、上官の命令にその「真意」をはかりかねるところがあったとしても、その真意を問いかえすことなどできなかった。

とすれば、現場でなされたことの責任は、だれが負うのか？　とりあえずは、その命令をくだした、下級指揮官が責任を追及されます。ついで、その上級者の責任が、そのまた上級者の責任が追及されます。しかし、そこでは埒があかないなら、さらに上級者の責任が、というふうに追及していけば、しまいには、最高指揮官である「大元帥陛下＝天皇」に達するでしょう。

ところが、この天皇陛下というのは、なにごとにも、いかなる責任をも負わず、問われない存在なのですね。ですから、上へ上へと追及されていった責任は、ここで雲散霧消してしまう。軍隊にかぎらず、「大日本帝国」のあらゆる組織・機構において、ことの真相はおなじでした。ことばを変えるなら、天皇がいかなる責任も問われず、とらなくていい存在として、一億の上に君臨していたから、「国民」は、安んじて、無責任でありえたのですね。

れっきとした「敗戦」を「終戦」という表現にすりかえて、ことの本質をごまかし、そのことによって、じっさいには「大日本帝国」という名の国家を滅亡に導き、三〇〇万人におよぶ自国民の生命をうばい、数千万人におよぶ自国以外の「たみ」の生命をもうばい、自国も他国も荒廃させた、その張本人が、いっさいの責任をとわれることなく、自決もせず、処刑もされずに、生きのび、天寿をまっとうした。これ以上に卑劣なことが、世界史上あったでしょうか？　その結果として、戦前の「一億総無責任体制」は、みごとに、戦後の象徴天皇制にひきつがれてしまいました。

このときのアメリカ合衆国政府の意図は、いまでははっきりとわかっています。敗戦当時無疵のまま中国大陸をはじめ各地に残存していた「大日本帝国軍隊」を武装解除するには、通常の手段でなら、相当数のアメリカ軍将兵の犠牲を必要としたにちがいありません。ところが、裕仁天皇が命令したとたん、各地の軍隊は整然と武装解除に応じたのですから。日本を占領するについても、天皇の権威を利用し、日本政府を通しての間接占領のかたちをとることのほうが、直接軍政を敷いて、日本国民の反撥ないし抵抗をひきおこすより、賢明であろうと踏んだのですね。

とはいえ、戦前戦中のように裕仁天皇が「現人神」として君臨しつづけることをゆるせば、いくらなんでも民衆の反撥はまぬかれえないでしょう。そこで、日米双方の民衆統治者がひねりだした「秘策」が「象徴天皇制」でした。具体的には、東条英機以下の戦中政治首脳を、裕仁天皇のスケープゴートとして、連合国による戦犯裁判にさしだす。そのことによって、裕仁天皇の責任を解除する。この「象徴天皇制」という民衆瞞着《まんちゃく》装置を定着させるために演出されたのが、裕仁天皇の「人間宣言」と「御巡幸」でした。この一連の猿芝居のコンセプトは、あの戦争をひきおこしたのは軍部であって、裕仁天皇は平和主義者であったのだと、民衆におもいこませることにありました。

裕仁天皇本人は、怯懦《きょうだ》にして陋劣《ろうれつ》でした。ひたすらわが身一身の安泰のみをはかって、民草の悲惨などかえりみもしませんでした。この男がなによりもおそれていたのは、革命でした。ポツダム宣言を受諾したのも、本土決戦になれば、民衆が革命をおこすかもしれないという恐怖からであり、戦後、沖縄をアメリカ軍に売り渡し安保体制に執着したのも、おなじ恐怖心からです。この男に「責任」という概念は無縁でした。

戦前戦中は「現人神」として、戦後は象徴として、あいもかわらず、おなじ肉体をもった人間が、のうのうと、民衆の眼のとどかない宮居《みやい》の奥で、処刑もされず、餓死もせず、生涯をまっとうしえたのです。この事実に、いったい、「日本国民」は、いささかの疑念も感じなかったのでしょうか？

天皇にして、「日本国民統合の象徴」にして、かくのごとく「無責任」でありえたのなら、「日本国民」たるもの、過去のいっさいに責任をとらず、問われもしない、ということを、自覚することすらなしえないで、「戦後」をただ「通り抜けた」としても、いわば、ごくごく自然ななりゆきではなかったか？

そういえば、「日本人」つまり民族的に日本民族に属するひとびとは、自然を、こよなく愛し、たいせつにしている、と、かつては、言われていました。そのひとびとが、いま、沖縄で、ヤンバルの森を平然とこわしたり、ジュゴンの海へ岩を投げ込こんだりしていますし、「内地」でも、おなじように、平然と自然を破壊しています。なのに、感覚のなかでは、いまだに、自然のなりゆきには、おとなしくしたがう、という習性がのこっているようなのですね。

なになに「なります」という表現がありますね。日常普段につかわれていますが、「戦争」のようにあきらかに人間がひきおこした災厄についても、戦争に「なった」と言ったり、戦争が「おこった」と言ったりします。まるで津波に「なった」り、地震が「おこった」りするかのように。

このような習性と「無責任」の習性とは、きりはなすことができないでしょう。そして、この習性のおおもとに厳としてあるのが、「壮大な無責任の体系」であり、まさにその象徴が天皇制なのだ、と、すくなくともわたしは考えています。

天皇に対するわたしのわたし的感情

天皇制は廃止すべきであると、わたしは考えています。これは、裕仁天皇に対する、また、明仁天皇や徳仁天皇に対するわたしの好き嫌いの感情とは別の根拠からの発想です。

裕仁つまり昭和天皇に対して、わたしは、おそくとも一五歳のころから、わたくし的に憎しみをいだいているとおもっていました。しかし、四〇歳に達したころ、どうやらそうではなかったのではないか、と、おもったものです。どういうことか？

たしかに、渡辺清さんのように、具体的に、裕仁天皇のために海軍に志願し、裕仁天皇のために、生命を賭して戦ったあげく、乗艦が撃沈され、重油をしこたま呑まされながら海上をただよい、駆逐艦にひろいあげられて、なんとか一命をとりとめて、敗戦をむかえたひととは、裕仁天皇との距離・関係が、わたしのばあいはことなります。

渡辺さんは、裕仁天皇が、当然、敗戦の責任をとって自決するものと信じていました。裕仁天皇自決の報がとどいたら、自分も即座に「追い腹を切る」ことによって、責任を全うするつもりで、いまかいまかと待っていたのに、裕仁天皇には、自決するけはいなどつゆほどもなく、あろうことか、GHQのマッカーサーのもとにのこのこと出かけていって、がにまたのみっともない写真におさまった。

この時点で、渡辺さんの呪縛が解けた。と同時に、渡辺さんは、そういうおまえの責任はどうなんだ、という声を聴いた。裕仁天皇を信じて、裕仁天皇のために戦おうと決意したおまえの責任はどうなるのだ?という声。以来、渡辺さんは、その自分自身の責任をはたすために、戦争に反対する生涯を貫いたのでした。

わたしの身のまわりにも、裕仁天皇に個人的に憎しみをいだいているひとたちは、すくなからずいました。いずれも、裕仁天皇の命令によって戦場におもむき、かろうじて生きてかえってきたひとたち、あるいは、学徒動員で工場に行き、兵器の部品をつくっていたところ、大空襲に遭って、これまた、かろうじて生き残ったといったひとたちでした。

このひとたちは、裕仁天皇を憎む具体的な根拠=理由を、私的に、もっていました。これに対して、わたしには、よくよく考えると、そのような具体的根拠・理由はなかった。たしかに、裕仁天皇の命令によってはじめられたあの戦争のなかで、わたしは、立派に一人前の愛国・軍国少年に育てられ、もしあの時点で降伏していなかったなら、火炎瓶を胸にいだいて、ソ連軍戦車の前に身を投げだしていたはずでした。

とはいえ、現実に戦場におもむいて戦闘に参加するには、年少にすぎたため、じっさいには、裕仁天皇の命令を象徴する「赤紙」をもらった体験はなかったのです。ですから、裕仁天皇に私的に憎しみを感じているひとたちのようには、裕仁天皇を、私的に、心底から憎んではいないのではないか? そう気がついたのでした。

そうはいっても、しかし、わたしが典型的な愛国少年・軍国少年に育てあげられ、しかも、わたしをそう育てた裕仁の国家が、連合国にかってに降伏して、わたしを、満州の突端の旧関東省旅順・大連に置きざりにし、異民族による支配のもとで生きていかなければならないようにした、その責任者はといえば、あきらかに、裕仁天皇そのひとであることを疑う余地はないのです。

そういった意味では、このわたしにも、裕仁天皇を憎む気持があってもふしぎはありません。ただ、それは、生身の人間としての、とことん私的な憎しみとはちがう。そこでわたしが考えだした表現が「知的憎しみ」でした。そうだ、わたしは、裕仁天皇に「知的憎しみ」をいだいているのだ。「知的」という形容詞を「憎しみ」という名詞に冠したのは、たんに感情の域をこえて、もっと深く、「憎しみ」のよってきたる根源を「知的」にあきらかにしえたうえでの、つまり、より深い意味での、いわば根源的な感情であることを、浮きぼりにしたかったからでした。

以来、わたしは、裕仁天皇がこの世を去るまで、彼がどのようにふるまい、どのように、かつての自分の責任をはたさずにいるかを、ずうっと監視しつづけ、責任をとらず、あまつさえ、そういうことを「ことばのあや」だといってごまかした彼を、私的に憎みつづけ、けっしてゆるそうとはしてきませんでした。

その息子である明仁さんについてのわたしの感情はまた別です。彼はわたしより一〇ヵ月おそくうまれているだけで、ほとんど同世代と言っていい。ですから、もちろん下々の民草のようにではなかったけれど、彼の立場に相応する戦争の苦しみも悩みも体験しています。また、敗戦後、民主主義についてのいわば純粋培養と言ってもいいような教育を個人的に受けただけあって、日本国憲法の精神をわがものにしてはいます。

あるとき、皮肉をこめて、わたしはこんなふうな言いかたをしたことがあります。「戦後民主主義」は滅んだ。戦後民主主義壊滅のさいごのしあげをやったのが安倍晋三だ。いまや、戦後民主主義は、二重橋の奥でだけ、生きのこっているのではないか。

この明仁さんに対しては、わたしは、同世代のよしみだけでなく、人間として、個人的には親近感すらいだいています。ただし、その彼が天皇であることにだけは、けっして同意しえません。なぜか？

ひとつだけ、理由をあげておきます。彼は、憲法上規定されている国事行為の域を無視し、憲法によって禁止されている行為にまで踏みこんで、つまり、「象徴」としての役割を自己流に解釈してまで、「戦没者慰霊」をはじめ、災害にあった被災者たちへの慰問といった「いいこと」をやってきました。ただし、一私人としてではなく、天皇という地位、その立場から。今回の生前退位宣言も、安倍政権の壊憲策動への彼なりの「抵抗」と言えば言えます。

その彼にして、さいごまでやらなかった、やれなかったことが、ひとつあります。父である裕仁天皇への批判です。この行為は、彼が天皇という地位を投げださないかぎり、できないことでした。

現天皇である徳仁さんについては、わたしは、とりたてて言うべきことはもっていません。ただ、このひとが、多くのひとびとから好感をもってむかえられているのには、それなりの理由があるのだろうと考えています。

ただ、くりかえしますが、だれが天皇であろうと、天皇という地位についているかぎりは、わたしはそのひとを、象徴であろうがなかろうが、天皇として「支持」することだけはできません。

第四章　どうしてもわからないことがあります

第四章　どうしてもわからないことがあります

　どうしてもわからないことがあります。というより、とてもくやしい、いえ、かなしいことなのです。天皇制は、たとえ「象徴」天皇制であっても、廃止したほうがいい、いえ、廃止すべきだ、という、このわたしの感じかた考えかたに、なぜ、すんなりと共感・同意してもらえないのか？

　日本会議のメンバーなど「天皇教信者」は問題外とします。そうではなく、安倍政権が現にやろうとしていることども、現行憲法を廃絶して排外民族主義的な新憲法を制定する、辺野古の海を滅ぼし、石垣島の森を破壊して、アメリカ軍の軍事基地をつくる、モンサント社の私的利益のために種子の受け継ぎを禁止する、原発を再稼動する、自然を破壊する、弱者を切りすてる、格差と差別を拡大する、などなどといった政策はみとめることができない、といったことでは、わたしと感じかたも考えかたも共有できるひとたちが、天皇制はないほうがいいといった、もっとも単純素朴なこのわたしの姿勢を、なぜ、ともにしてくれないのか？

　そういうひとたちに、いまいちど、あらゆる前提条件をとりはらって、単純素朴に、だからこそ根底的に、天皇皇后をはじめとする「皇室」という「制度」が、わたしたちにとってほんとうに必要なのかどうかを、考えてほしいので、これから、四つの問題点をあげます。はなしを進めるために利用する言説は、すべて、読もうとおもえばいつでも読むことのできる本からとってきます。どの本からとったかは、できるかぎり明示しておきます。

民主国家に平等でないひとがいる

まず、ひとつめ。わたしたちは、いま、民主主義を基本とする国家にくらしていますよね。日本国憲法の前文には「ここに主権が国民に存することを宣言し、この憲法を確定する」と書いてありますし、「天皇の地位」を規定した第一条でも、天皇の「地位」は、「主権の存する日本国民の総意に基く」と明示されています。

じつは、この「国民」という語は、この憲法を制定するさいに、「大日本帝国」時代からひきつづき権力の座にいすわっていた、当時の支配層が、GHQから指示された「ピープル」という語の意味をすりかえるために密輸入したもので、もとをただせば、ここは「ピープル」。つまりわたしたちひとりひとりのことを意味していたのですね。この「ピープル」の「総意に基く」と明記されている、ということは、わたしたちがこぞって、一人の例外もなく、「天皇の地位」をみとめなければ、一人でもみとめない者がいたら、「天皇の地位」は保全しえないということになります。

しかし、現にこのわたしは「天皇の地位」をみとめたおぼえはないし、いまもみとめてはいません。このわたしひとりの意志は無視されていることになります。「天皇の地位」をみとめるかみとめないかをきめる「国民投票」がおこなわれたという事実もありませんでしたよね。なのに、なんとなく、「国民の総意」が「天皇の地位」をみとめているかのようになっている。

わたしが、なぜ、「天皇」という存在をみとめないのか？　理由はまったく単純です。この世界に、わたしたちすべての人間と平等でない存在など、みとめることができないからです。いまさら言うまでもなく、人間はうまれながらに平等であるはずであり、平等であるべきです。どのようなばあいであろうと、どのような理由によってであろうと、例外はみとめえない。「天皇」という存在は、あきらかに、この平等の原則に違反しています。

いまから九二年もまえの一九二六年三月（ですから、まだ大正一五年）に、大審院（いまでなら最高裁判所）で「大逆罪」のかどにより死刑の判決を言いわたされ、その十日後に「天皇」の「恩赦」によって無期に減刑されたにもかかわらず、その「恩赦」を拒否して、獄中で自殺した金子ふみ子が、一九二四（大正一三）年五月一四日、東京市ヶ谷の刑務所内で受けた訊問に、どうこたえているかが、「訊問調書」に記載されてのこっています。鈴木裕子がこれを記録していますので、それにもとづき引用します。原文は漢字とカタカナの旧かなづかいで記されているのですが、ここで引用するにあたって、漢字とひらがなで、現代かなづかいになおしておきます。

わたしはかねて人間の平等という事を深く考えております。人間は人間として平等であらねばなりませぬ。そこには馬鹿もなければ利口もなく、強者もなければ弱者も無い。地上における自然的存在たる人間としての価値から言えば、すべての人間は完全に平等であり、従ってすべての人間は、人間というただ一つの資格によって、人間としての生活の権利を完全に、かつ平等に享受すべきはずであると信じております。（中略）もともと国家とか社会とか民族とかまたは君主とかいうものは一つの概念にすぎない。ところがこの君主に尊厳と権力と神聖とを付与せんがためにねりあげたところの代表者なるものは（彦坂註――代表的なものは）この日本に現在おこなわれているところの神授君権説であります。いやしくも日本の土地に生れた者は小学生ですらその観念を植え付けられておるごとくに、天皇をもって神の子孫であるとか、あるいは君権は神の命令によって授けられたものであるとか、もしくは、天皇は神の意志を実現せんがために国権を握る者であるとか、したがって国法は神の意志であるとかいう観念を愚直なる民衆に印象づけるために架空的に捏造した伝説に依拠して鏡だとか刀だとか玉だとかいう物を神の授けた物として祭りあげてしかめっつらしい礼拝を捧げて完全に一般民衆を欺瞞して居る（彦坂註――三種の神器、つまり、やたの鏡、やさかにの勾玉、草薙の剣のこと）。（中略）万世一系の天皇とやらに形式上にもせよ統治権を与えてきたということは、日本の土地に生れた人間の最大恥辱であり、日本の民衆の無知を証明しておるものであります。（中略）天皇・皇太子は少数特権者が私服を肥やす目的の下に財源たる一般民衆を欺瞞するために操っている一個の操り人形であり愚かな傀儡にすぎない。（後略）

（鈴木裕子「ヒロヒト氏と『昭和』史と女」、鈴木裕子・近藤和子編『女・天皇制・戦争』オリジン出版センター、一九八九、一三～一五ページ）

この陳述がなされた時点を、とくと、お考えください。天皇は神であるとだれもが信じてうたがわなかった、「天皇ハ神聖ニシテ侵スヘカラス」という「大日本帝国憲法」第三条が活きていた時代だったのです。しかも、金子ふみ子は、この時代には、ひとりの個人として生きる資格をあたえられず男性に従属して生きる存在でしかなかった「女性」なのです。そのひとが、これだけ理路整然と、人間は生まれながらにして平等である、平等であらねばならない、という考えを披瀝することができているのです。

じつは、この本に寄稿している李順愛《イスネ》さんも、金子ふみ子のこの陳述を大きくとりあげて、「今とは違って、天皇は日本人にとって現人神であった時代です。大部分の日本人にとって大逆罪というのは、聞くだに怖ろしい罪名でした」から、金子は精神病者扱いされた、とコメントしています。このひとがこの本のために書いた「日本人女性と天皇制」の冒頭におかれているつぎの文章は、ぜひとも真摯に受け止めていただきたい。

「するどい緊張」というのが、天皇という言葉を聞いた時のわたしの体の反応です。神経がピッとします。ふざけるなと思います。天皇という二文字を聞いただけで、朝鮮半島の近・現代史と在日朝鮮人史、および誰彼の個人史が一瞬のうちにパノラマのように展開してゆきます。**天皇とは日本人のことです。**

（前掲書、六〇ページ）

わたしがゴシックにした部分に注目してください。なぜ「肉体的緊張」を感じないわけにいかないのか？　なぜ、天皇とは「日本人のこと」なのか？　わたしたちに対する根源的問いかけとして、受けとめなければならないのではないでしょうか？

天皇も皇室も、わたしたち民衆と「平等」な存在だとおもっているひとは、まず、いないでしょうね。ごくごくふつうに、天皇と皇后や皇太子夫妻、宮家のひとびとは、わたしたち一般庶民とはちがう生活をおくっていてあたりまえだと、たいていのひとは、感じているのではないでしょうか？

二〇一八年の宮内庁関係予算の概要を見ますと、ざっくりとらえて、九八億六千万円が「皇室費」として計上されています。この金額は、わたしたち一般民衆の年間生活費にくらべて、桁はずれに高額です。こういったオカネは、いまでは、すべて国庫から支出されています。つまり、わたしたちの税金のなかからまわされているのです。天皇の住居をはじめ、皇太子一家、各宮家の住む家も、わたしたち「一般国民」のレベルからは、かけ離れて立派です。日常生活においてもしかりです。

こういったひとびとを、わたしたちと平等の存在であると考えるのは、むつかしい、というより不可能です。それなのに、なぜ、そのような、わたしたちとは平等ではない、わたしたちのひごろのくらしからは隔絶した特権を享受しているひとたちの存在を、あたりまえのこととして、みとめるのか？　どう考えても、わたしにはわかりません。

それに、天皇にも皇后にも、わたしたちが、ごくあたりまえのこととして享受しているさまざまな基本的人権は、あたえられていないのです。結婚の条件ひとつとってみても、自由など保障されていない。これも、これまでのべてきたこととは逆の意味で、平等でない証左ではないでしょうか？

わたしたちが選んではいない

日本国憲法第二条に明記されているとおり、天皇の地位は「世襲」です。「皇室典範」という法によって、直系の男子のみが天皇の地位を承継することと定められているからです。女帝も女系天皇も完璧に排除されているのですが、そのことを、いま、問題にするのではありません。

だれがつぎの天皇の地位につくかについて、もし、ほんとうに、憲法第一条に明記されているように、天皇の地位は「主権の存する日本国民の総意に基づく」のであるとするなら、そのことと第二条「皇位は世襲のものであって」以下の条文とは完全に矛盾しています。

むろん、第一条で「天皇の地位」は、主権者であるわたしたちの「総意」に基づくときめられているからといって、現実に、その「国民の総意」をたしかめるすべが現実には存在していないのですから、この条文そのものが無意味ではありります。

現実に無意味であるからといって、しかし、この第一条が、たしかに、天皇の地位が国民の総意に基づくことそれ自体を確実に示し、保証していることにかわりはない。なのに、第二条で、「皇位は世襲のもの」であるなどと規定しているのは、第一条の精神をただちにないがしろにするものです。第一条の精神とは完璧に矛盾しています。

なぜなら、世襲という制度によるなら、わたしたちの意志にかかわりなく、アプリオリに定められている特定の人物が天皇の地位につく、とあらかじめ決定されているのですから。そこにわたしたちが関与する余地はまったくありません。わたしたちの意志は、完璧に無視されているのです。

では、わたしたちの意志を無視しない、どころか、まさに、わたしたちの意志によって為政者を選ぶ、そういう政体がありうるのか？　ありうるのですね。「共和制」と言われる政体です。

共和制がきちんと機能しているなら、文字どおり、わたしたち自身が、わたしたち自身のために、すべてを決定していくという、民主主義の基本を体現することができるはずです。とはいえ、共和制をとっているUSAで、現に、トランプのような、どこからどう見てもまっとうな民主主義者とは言いえないトンデモ人物が大統領に選ばれてしまった、といった事態もおこりました。このような人物が、民主的手続きによって大統領という最高権力者に選出されてしまうことを、共和制は防止できません。

それでも、世襲である君主制との根底的ちがいが、すくなくともひとつはあります。どのように大統領にはふさわしくないトンデモ人物を選んでしまったとしても、その人物を選んだのは、有権者、つまりわたしたち自身であるということです。したがって、とうぜん、その行為に対しては、わたしたち自身が責任を負わなければなりません。

世襲である天皇のばあいは、どのような人物がその地位につくかは、偶然にゆだねるほかありません。世襲ですからね。したがって、わたしたちは、その、政治的に重大な意味をもつできごとに関与できない。したがって、とうぜん、責任の負いようがない。

こういったことが、現実には、一億総無責任時代と言われるような道義的頽廃の根源になっている、と、すくなくともわたしは、考えているのです。

第五章　象徴天皇制ってアメリカ製なの？

第五章　象徴天皇制ってアメリカ製なの？

日本古来の伝統ではない

まず、ハッキリさせておきたいのは、人間としての天皇・皇后、たとえば明仁さんと美智子さん、このふたりがどういうひとがらのひとであって、どういったことをしてきたか、といったことと、天皇制という制度とを混同してはいけない、ということです。暴君であろうが名君であろうが、君主は君主であり、その君主をいただく制度が君主制で、日本国に即して言えば天皇制という「政治制度」なのですね。明仁さんや美智子さんが、どんなに「いいこと」をどっさりしてくれても、どれほど、わたしたち「国民」をおもい、「国民」によりそおうとつとめてくれていたとしても、このふたりに、わたしたちがどんなに近しいおもいをいだいていたとしても、このふたりが「象徴天皇制」という政治制度のもとでの「天皇」であり「皇后」であるという事実は消えないのです。「象徴天皇制」であっても、「天皇制」のひとつのかたちであることに、かわりはないのですね。

この「象徴天皇制」という政治制度がはじまったのは、「大日本帝国」といった夜郎自大《やろうじだい》の名を自称していた国家が、アメリカ、イギリスをはじめ、世界の大多数の国々を相手におっぱじめたあの戦争に敗北したのちのことでした。「大日本帝国」の時代には「現人神《あらひとがみ》」であり、立憲君主のよそおいはしていたものの、そのじつ、絶対主義的専制君主であった裕仁という名の天皇が、肉体をもつ人間としてはおなじでありながら、ある日とつぜん変身して、「日本国」という名にかわった国家の「象徴」にして「日本国民統合の象徴」となったのですから、「象徴天皇制」も「日本国民」にはなんとなくぴったりこない感じであったようでした。

しかし、このひとが死んで、その息子の明仁さんと美智子さんが天皇と皇后になったころから、このふたりの熱心な努力のかいもあってか、この制度も、ようやく「国民」の心情に定着した感がありますそうなると、この「象徴天皇制」というかたちこそが、そもそも、この日本における天皇制の本質なのである、という位置づけをする動きが、狂信的な天皇教信者ではない、「良識」ある「篤実《とくじつ》」な学者のなかから出てきました。山折哲雄という高名な宗教学者がその典型です。

このひとの説くところによると、この国には、ながくつづいた平和な時代が二度もあったのですね。平安時代と江戸時代です。どうしてそのようにながくつづく平和な時代を現出しえたのか？　その理由は、政治が「カリスマ的権威」（これを、このひとは象徴と言っています）を侵すことなく、また、カリスマ的権威のほうは政治と一線を画す、という相互抑制体制がつくりあげられていたからだ、というのです（山折哲雄監修『図解でわかる——一四歳からの天皇と皇室入門』太田出版、二〇一八）。

こういった俗説に類するような「学説」をおおまじめでとなえる「碩学《せきがく》」がいるということにわたしは、興ざめせざるをえないのですが、平安時代でも江戸時代でも、決して、民草の生活は平穏ではなかったではないか、などといって反論するつもりはありません。

鎌倉幕府執権は、承久の乱で敗れた後鳥羽上皇を隠岐へ、順徳上皇を佐渡へと島流しにしてしまったし、天皇親政を夢見て幕府に弓ひいた後醍醐天皇は敗れ、天皇家の血筋は、ここで、いったん、直系から離れてしまっているなどといった史実をあげつらうつもりもありません。

ここで指摘しておきたいのは、日本列島を制覇した覇者たちが、いずれも、天皇を利用してきたってことです。藤原氏も、徳川氏も、実質的には最高の政治権力者でありながら、天皇を廃絶せずに、むしろその権威をたくみに利用していた。天皇に「徳」があったからではなく、「徳」があろうがなかろうが、利用する価値はあったのですね。

いまから九二年もまえに、ひとりのすぐれた女性・金子文子が正確に見抜いていたように、天皇という存在は、この日本列島の歴史上、時の権力者が自分にとってつごうのいいように利用するために温存してきた「操人形《あやつりにんぎょう》」であり「傀儡《かいらい》」であったにすぎないのだということを確認しておきたいのです。だからといって、しかし、このいまの「象徴天皇制」までを「日本古来の伝統」として位置づけるっていうのはいくらなんでも牽強付会《けんきょうふかい》にすぎはしませんかねえ?

というのも、このいまの「象徴天皇制」っていうのは、なんのことはない、日本古来の伝統なんぞとは切断されたところでつくられた、メイド・イン・USAのしろものであるからです。わたしも、これまでは日米の「合作」であるといった言いかたをしてきましたが、ここでハッキリ、アメリカ製であると言い切ることにします。

むろん、USAという国家の、その出先機関であるGHQの占領政策から発したこの企画に、なんとかして「国体」（あけすけに言えば裕仁天皇の肉体）を保全しようとする旧「大日本帝国」の支配層がすりより、のっかったことは事実です。しかし、「象徴天皇制」創出の主体は、あくまで、アメリカ占領軍の側にあったからです。

じつは、象徴天皇制についてもっとよく知りたいとのぞんだひとに、てごろな読み物として中村政則『象徴天皇制への道』（岩波新書、一九八九）をすすめたところ、その読後感の冒頭に、そのひとは、「愕然としました（中略）。戦後、天皇が退位することもなく天皇制が残ったのは、ミもフタもない言いかたをすれば、『占領コストを安くあげるため』という理由が一番大きかったのでは、とわかったからです」と書いてきました。

この本は、じつは、この「象徴天皇制」を創出するのに大きな影響力をもった「知日派」の外交官ジョセフ・クラーク・グルー（一八八〇～一九八五）の著書『滞日十年』をもとに、いえ、それだけではなく、ハーバード大学「ホートン・ライブラリ」に所蔵されている「グルー文書」といっ原史料を精細に分析し、そこから得られた結論を、研究者ではないひとにもわかるように、平易に書いてくれているものなのです。

グルーの言い分がもっともよくわかるのは、いわゆる「女王蜂演説」です。「天皇制は日本社会の安定要素です」と、グルーはのべています。「ここで比喩を用いるなら、天皇は、大勢の働き蜂が仕え敬愛する女王蜂のような存在です。もし蜂の群れから女王蜂を取り除いたならば、その巣は崩壊するでありましょう」（『象徴天皇制への道』一二二ページ）。

じっさい、「大日本帝国」がポツダム宣言受諾というかたちで連合国に降伏したのち、連合国軍首脳がもっとも心をくだいたのは、その時点で、なお、日本内地だけでなく、アジアの各地に存在していた莫大な数の「帝国軍隊」将兵の武装解除をどうすれば支障なく実施しうるかだったのですが、それが、天皇の鶴の一声で、なんら抵抗なく実施できたという事実は、天皇の影響力を認識させるにあまりあったにちがいありません。

ところで、この「象徴天皇制」という構想、とりわけこの「象徴（Symbol）」という語のヒントをグルー（たち）はどこからえてきたのでしょう？　そのところにまで踏みこんで、中村さんは、ウォルター・バジョットの『英国憲政論』に着目し、この本のどこでこの語がもちいられているかつきとめたのですね。つぎの二ヵ所でした。「ここで重要なのは」と、中村さんが指摘している部分だけを引用します。

事例1.「君主は、党派とは無関係である。それゆえに敵意をもたれたり、神聖さを汚されたりすることなく、神秘性を保つことができるのである。またこのために君主は相争う党派の対立感情を融合させることができるのであり、かつ教育が不足しているために象徴を必要としている人々に対しては、目に見える統合の象徴となることができるのである。

（『象徴天皇制への道』一七三ページ）

「教養がない」のが一般大衆であるのに対して、では、「教養がある」のはだれか？　「イギリスの国家構造には『尊厳的部分』と『機能的部分』とがある」とバジェットは考えていたのですね。そして、「前者を代表するのが君主と貴族院であり、後者を担当するのが内閣と衆議院であるとした」。

バジェットがこの本を書いたのは、産業革命をすでに経てブルジョアジーや労働者階級が、従来の貴族にかわって政治の主役になるいきおいを見せはじめていたころのイギリス、でした。このような状況のもとで、「政治支配を維持し、安定させる」には「エリート」に政治をになわせるのがいい、とバジェットは考えた。

この「エリート」とは君主と貴族階級のことなのですね。彼らは「理性」や「利益」にもとづいてものごとを判断し行動することができる。これに対して「教養のない」一般大衆は「本能」や「慣行」などといった「非合理的な動機」によって行動しがちだ。そういう一般大衆には、「君主の象徴的役割（劇場的・演劇的役割）に期待する以外にない」。つまり、「英国王室のもつ『尊厳的部分』に依拠することによって、一般大衆の政治への参加・発言力の増加を「くいとめることができる」と、バジェットは考えていたのですね。「このようなバジェットの考え方は明らかにグルーの日本皇室観・大衆観と轍を一にするものであって」と、仲村さんは、正確に指摘しています、「わたしはこのグルーに本書からの影響を見ないわけにはいかないのである」と（前掲書、一七四〜一七五ページ）

いやになるほど、はっきりと、アメリカ政府の政治的意図によって「象徴天皇制」という政治制度が、イギリス流の「君臨すれども統治せず」という王政をお手本としてつくりだされていく道筋が見えてくるでしょう。なんのことはない、日本国の「象徴天皇制」とは、日本古来の伝統を継承した制度などではなく、ヨーロッパ君主制の亜流にすぎなかったのですね。

そういえば、このグルー自身、「ボストンの上流階級出身ということもあって、日本の労働者、農民、都市庶民に深い観察の目をむけようとしなかった」とも、仲村さんはコメントしています。彼がリベラルであると信頼していたのは、たしかに「反軍的」だからといって憲兵に監視されてはいたけれど、戦後日本の政界で重きをなしたような上層階級のひとたち（天皇とその側近をふくむ）ばかりでしたから、当然のことながら、人民が名実ともに主権者となって民主的な共和政体をつくりあげるなどといったシナリオは夢想だにしなかったにちがいありません。このグルーの予想どおり、そして、当時の日本人民は、現実に、そのような民主主義的政体を自力でつくりあげるだけの力量は、まだもっていませんでした。

ポツダム宣言の第一二条には、「連合国占領軍は、その目的達成後そして日本人民の自由な意志にしたがって平和的傾向をおび、かつ責任ある政府が樹立されればただちに日本から撤退する」と書かれています。敗戦後の日本にどのようなかたちの政府をつくるかは、日本人民の自由意志にゆだねると明記してあるのです。なのに、日本人民は、自力で、自分たちにふさわしい民主的な政府をつくりあげることはできなかった！

「日本人」という闇

自分は「日本人」なのだという意識を、この列島にくらす民族的に「大和民族」に属するひとたちはもっています。それはそれでいいのですが、しかし、極端なばあいには、自分は日本人「である」というところにしか、自分がなにものであるかを確認するすべ＝アイデンティティをもちえないひとたちがいます。

なになに「である」というのは、静止的・固定的なとらえかたですね。なになにを「する」というのは動的・具体的なとらえかたですね。自分はなにもの「である」か、ではなく、なにものか「になる」でもなく、なにを「する」かというかたちで自分自身をとらえうるかいなか、ここに、根底的な問題がひそんでいる、のでは、ないでしょうか？

日本人「である」ということ、つまり、自分は「日本民族」の一員であるという帰属意識でしか自己確認ができていない（まして、「日本人」＝「日本国民といった短絡でしか自己をとらええていない」）、こういった意識が「象徴天皇制」であれ、ほかのかたちの「天皇制」であれ、天皇という君主のもとに生きているという意識の根源にあるのではないでしょうか？　中村政則『象徴天皇制への道』（岩波新書、一九九二）を読んで考えたことをわたしにつたえた友は、その手紙のなかで、「天皇制という入口に入っていくと、その奥にあったのは『日本人とはなにか』という暗闇でした」と書いています。

『東京新聞』二〇一八年九月二二日（土）朝刊「本音のコラム」に「わたしはナニジン？」と題する文章が掲載されていました。筆者の師岡カリーマさんは、父がエジプト人、母が日本人です。「大坂なおみ選手フィーバーをきっかけに、日本のハーフが再び注目されている」と、カリーマさんは書きだしています。「勝ったとたんに日本人として持ち上げるメディアへの違和感は、『都合のいいときだけ日本人と認める』風潮に多くのハーフが普段から抱いている疎外感とも重なる。それはわたしも常々感じてきたことだ」。カリーマさんとおなじきもちを、このわたしも、つねづね感じてきています。

日本国のマスメディアには、これこれの性質は日本人的であるとか、こうした行動は日本人特有のものだとかいう目には見えない基準が、いいえ、ありていに言えば、たんなる「おもいこみ」にすぎないクリテリア（判断基準）が、アプリオリにあって、どんなばあいにも、手軽にそれをあてはめているような気がするのです。

カリーマさんは、このコラムのむすびの部分で告白しています。記者会見で、日本（民族）への「帰属意識」はあるのかと質問された大坂選手が、「わたしはわたし」と言いきった。これは、ズバリ、わたし（カリーマさん）自身の意識を代弁してくれていました、と。わたし（彦坂）もまったくおなじきもちです。わたしはわたし。ほかのだれでもない。

じつは、このひと、九月一五日のコラムでも、大坂選手が試合中に見せた「奥ゆかしさ」がじつに「日本的だ」とか、「彼女は日本の魂をもっている」とかいったコメントがさかんに出回っていることを皮肉ってもいたのですね。「男子テニスのナダル選手はつねに礼儀正しく紳士的なことで知られるが、彼が一流選手であると同時に一流の人間であることと、スペイン人であることと関連づけて語られない」と。つづいて、もっと強烈な皮肉、いえ、提言を。「日本も万人が同じ美徳に染まった珍奇な国ではなく、いろんな人がいてみな日本人なのだから、これからは、人並に雑多な国なのだと世界にアピールしていこうではないか」。

じつは、ずうっと以前から、わたしは、まさにここでカリーマさんが指摘してくれているような現象を目にするたびに、イヤァな気分をあじわっていたのです。

なにかというと、すぐに、「日本は」とか「日本人は」とか言って、総理大臣でもないくせに、さも「日本国」「日本民族」を背負って立ってるみたいな口のききかたをするひとたちがいます。わたしはキライですね、そういうひとは。じつは御当人の「おもいこみ」でしかない虚構の「日本人像」への「同調」を陰に陽に要請してくる、善意でね、これって、ほんとうに嫌なんですね。このわたしだけは、ほっといてくれ！　いくど、そう叫びたかったことか。

このことと、そのむかし、朝鮮にも台湾にも神社を創建して拝礼を強いたこととは、無関係ではありえない、とわたしはおもっています。日本語をむりやりおしえこんで、カタコトでも日本語を口にしてくれると無邪気によろこぶという心情とも、ね。

夜郎自大はなにも日本人の専売特許ではありません。しかし、この狭い島国での、劣等感のうらがえしのような「おくにじまん」には辟易させられてきました。

わたし自身「それでもおまえは日本人か！」ってどなられたことがいくどもありました。どう考えてもかんばしくない、というより、不正で卑しいふるまいであると言ったほうがいいようなことに同調しなかったときのことでした。

大坂なおみさんも、やがて、もし日本国籍を失いたくなかったなら、カリーマさんがかつて強いられたように、「日本国籍取得宣言」をしたうえ、もうひとつの母国の国籍を放棄するよう「努力」しなければならなくなるでしょう。しかし、彼女にとっては、どちらもたいせつなのではないでしょうか？

だって、どちらも、生みの父と母とにむすびついているのですから。なのに、どうして、どちらか一方を選べと強いるのか?

「国籍法」のいちじるしく人権を無視していた部分、つまり、父親が日本人で母親が非日本人であるばあいには日本国籍の取得を認めるが、逆に、父親が非日本人で母親が日本人であるばあいには認めないという、家父長制的な規定は「改正」されて、いまでは、母が日本人で父が非日本人であるばあいでも日本国籍は取得できるようになっています。しかし、二重国籍はみとめていません。

世界中の大多数の諸国が二重・多重国籍の保持をみとめているのに、日本国だけは、まだ、かたくなに、みとめようとしていません。「日本人」の多くが、いまだに、民族の「純粋性」にこだわって、「異人」の血がまじることをきらっていることと無関係ではないのでしょう? 二重国籍など、ましてや多重国籍などケシカランと、無意識のうちにおもっているのでしょうね。そういった意識が、ゴリゴリの「日本主義者」たちを力づけているのだと言えるのかもしれません。

「帰化」という表現にも、わたしは、以前からつよい違和を感じていました。たんに日本国の国籍を取得するだけの行為に、なぜ、「帰化」などという呼称を、あたえるのでしょう? このことばのもとの意味をたずねれば、ある国の君主(皇帝あるいは王)が徳の高い人物であったばあい、その人徳に感化されて、その君主に服し従うことではありませんか。

そんな古い意味にまで「さかのぼらなくても、」このことばには、あくまで、自分たちが主であり、その自分たちに「同化」することこそしあわせなのであるだから、自分たちとおなじ国家の「国民」になることをのぞみ、それをみとめてもらいたいのだ、といった、あくまで自分たち本位の姿勢が感じられて、わたしは、ずうっと以前からキライでした。

大坂なおみさんが「日本人」であろうが「アメリカ人」であろうが、あるいは「ハイチ人」であろうが、なおみさんはなおみさんであって、ほかのだれでもない。ナニジンかなんてどうでもいいことじゃないかしら？　それとも、どんなことについてでもナニジンであるかを意識しないではいられないのかしら？　そのひとはそのひとなのだと考えることはできないのかしら？

このような「日本人意識」が、どうやら、「象徴天皇制」であれ、天皇制という制度を、具体的には、そのときどきの天皇を支えているように、わたしには、感じられます。じつのところ、どういう人物が、そのとき、天皇であるかということと、制度としての天皇制とは、きちんと分けて考えなければいけないのですが、その区別さえ、おおかたの「日本人」にはアイマイなままであるようですね。

「天皇」という表現に、なんら違和を感じていないのも、ふしぎです。実体としては、「王」あるいは「皇帝」とかわりはないし、じっさい、古代では「王」のなかの「王」という意味で「大王」と呼んでいたし、明治時代にも「明治帝」といった言いかたがなされていたのに、「日米開戦の詔勅では、はっきりと「天皇」になっています。ふつうの皇帝ではない、天から授けられた「帝」であるとでも言いたいのでしょうか。

いまなお万世一系を信じているのは「日本会議」などに蟠踞《ばんきょ》する「天皇教信者」だけでしょうが、それでも、「天皇」とよぼうが、「皇帝」と言おうが、君主であることにかわりはない存在を、心理的に、ごく自然な、あったほうがいいものであると感じるひとたちはすくなくないようです。

こういった感じかた考えかたそれ自体が、じつは、明治以降のこの国の支配層が、そのときどきの「国民」の動向に配慮しながら、つくりだしてきた「国体」という観念の産物であることには、気づいていないのでしょうか?

第六章　これは、わたしたちのいまの生きかたへの罰ではないのか？

第六章　これは、わたしたちのいまの生きかたへの罰ではないのか？

「元気」づけられるひとびと

ある日、朝日新聞の二面下三分の一を使った新潮社の広告のなかに。こんなコピーを発見しました。

情け無用の人でなし稼業が、ろくでもない日本人を片っ端から一刀両断！　今、最も熱い評論家が一切の虚妄と禁忌を廃して書き綴った、余りにも過激な社会時評。

福田和也の『人でなし稼業』の宣伝でした。この「評論家」がどんなものを書いてきたのか知らなかったし、こんな惹句《じゃっく》にあたいする「社会時評」が現実に存在しうるとも思えなかったけれど、だまされてもいいって気で、買って読んでみました。それにしても、まあ、ひどいものだった！　羊頭狗肉《ようとうくにく》と言いますが、こいつは狗肉ですらない！

あきれたのは、しかし、それだけではなく、この「誇大広告」ですらない「詐欺的」文章の内容を、この本の著者たる福田先生御自身が、どうやら、本気で信じておられるらしいことでした。なにが「人でなし稼業」だ⁉

この本に収められた文章からわたしが読みとったかぎり、福田先生がげんに従事しておられる「人でなし稼業」とは、わたしたちのこの国のこの社会のなかで、このうえもなく「まっとう」で「良識的」と大多数から見なされている、この社会「公認」の仕事以外のなにものでもないではないか！　しかも、あなたの文章のいったいどこに「一切の虚妄と禁忌を排して書き綴った」ところがあるというのか！　あなたはご自分の文体が「下品かつ強烈」であることをことさらに誇っておいでのようだがわたしに言わせれば、こんなに「お上品」で、「軟弱」な文体もめずらしい。「既成の道徳・良識」とは「まったく逆のことばかり書いてある論旨に驚愕」するどころか、あなたが「既成の道徳、良識」にこんなに従順であることにわたしはあきれた。福田和也先生、おなじ福田姓の恒存大先生の爪の垢でも煎じておのみになってはいかがでしょうか？

福田和也なんてイカサマが世にはびこっているようですねと、文芸批評をこととするある友人にご注進におよんだら、専門家の彼はとうに知っていて、こう言うのです、「ああいうてあいは、ひとむかしまえだったら、出たとたんに集中砲火をくらってショボンとなったものですが、いまは、のうのうと出てこれるんですよ。なに、放っておけばそのうち自滅します」

太田昌国の「自由主義史観と司馬史観の間」を読んでいたら似たような表現にでくわしたので、ついわらってしまいました。「この種の『歴史書』は」と、彼は書いていたのです。「従来ならばごく一部のウルトラ反動の高齢の読者を得るだけに終わるしかない『トンデモ本』であった。いま、それがこれだけの読者を得ているということは、若者からも、一定の／あるいはかなり熱い共感をもって読まれてい

ると推定すべきだろう」（「派兵チェック」五一号、一九九六・一二・一五）

藤岡信勝もまた時流に乗っている。どうやら、そういう御時世であるらしいのです。「社会主義」の「崩壊」や「湾岸戦争」以来、世の風向きは変ってきたようです。しかし、変ってきたのは表層の風向きあるいは潮流だけであって、基底的状況が変化したとは、わたしには思えないのですが。

とはいえ、太田も指摘しているように、藤岡の言動が、若者たちをも含むかなりの数のひとびとに受けいれられ支持されつつあることは事実です。放っておけば自滅する、というぐあいには、こちらのほうはいきそうもない。藤岡なんてひとは、福田あたりと比べてさえレトリックにおいてはもとより知的水準においてもそうとう劣る、さかしらとさえ言えない、塵埃《じんあい》のような存在だ、とは思うのですが、しかし、放っておくとダニの温床にもなりかねない。

問題は、ですから、藤岡先生の言説の信憑性や学問的水準の高低にあるのではなく、どれほどそれが低劣であろうとも、いや、低劣であればこそ、それによって「元気」づけられる（太田前掲書）ひとたちがいるってことでしょう。ちょうど、ヴェルサイユ体制のもとで「元気」をなくしていたドイツ「国民」がヒトラーの演説によって「元気」づけられたように。むろん、藤岡先生の言説は、ひとびとを「感動」させる「喚起力」において、ヒトラーのそれの足下にもおよばない。けれども、たかがそのていどのおそまつな言説によってすら「元気」づけられるひとびとがげんにこの国にいるってことのほうが、問題でしょう。

「被害の証拠を出せ！」と要求する

藤岡先生の言説が低劣である、とわたしが言うのは、それが、イデオロギーですらありえないデマゴギーにすぎないからです。たとえば、つぎのような文章における詐術性。

するとと浜林氏は驚くべきことを言った。

「（元慰安婦の）証言がウソであるということを論証しない限り、その証言に依拠して日本軍の行為を批判するのは当然である」

と。

反論するのも馬鹿馬鹿しい話です。どんな犯罪であっても真実性を証明する挙証責任が告発する側にあるのは、裁判における初歩中の初歩です。被告が旧日本軍や日本国家であるなら、その最低限のルールすら守らなくていいという暴言を、専門の歴史家が平気で吐くとは、わたしは開いた口がふさがりませんでした。（「諸君」一九九七年一月号、八六～八七ページ）

たしかにこれはこの国の裁判でげんに実施されている一般的には妥当な「ルール」なのですから、俗耳には入りやすい。けれども、ほかならぬこの「ルール」のおかげで、ほかならぬ「公害裁判」のようなばあいには、「公害」による被害者であることの明白な「原告」つまり藤岡先生の言う「告発する側」

に対してその被害がたしかに「被告」すなわち加害企業によるものであることを立証しろなどという無理無体な要求がなされることにもなったのだ、というまぎれもない事実を、あるいは、強姦《レイプ》された被害者（藤岡先生のおっしゃる「告発する側」）に対して加害者からほんとうに被害をこうむったのであることを立証せよと要求するこの国の裁判での現行の「ルール」が、どれほど、まぎれもない被害者を、無用に、あらたに傷つけているか、といった事実を、藤岡先生は、わざと無視しておられます。

ほかならぬこの「ルール」のおかげで、水俣では「日本窒素肥料株式会社」（現「チッソ」）が排出した重金属の体内蓄積が原因で多くの住民に障害が生じたことはあきらかであったのに、会社側が情報をひたかくしにしていたために、ながいあいだ、原因物質が有機水銀であることを特定することすらできなかった。それでもなお、被害者と彼らを支援する人たちは、困難に屈せず、「チッソ」の加害責任をなんとしてでもあきらかにしようとがんばったのでした。

権力による犯罪行為の存在を権力を持たない被害者が立証するのは、ほとんど不可能でしょう。なぜなら、権力犯罪にあっては、証拠隠滅はほとんど完璧におこなわれるからです。殺されてしまった者たち、つまりもっとも完璧な被害者である死者たちに、いったい、どのようにしてその被害を立証しろと要求しうるのか？　目撃者まで殺してしまったら、証拠など残らない。アウシュヴィッツをはじめとするユダヤ人絶滅収容所の存在が世界に知られたのは、生き残った者がいたからです。連合軍が到達するまでに、全員を殺しつくすことができなかったからです。

「慰安婦」のばあいだっておなじことです。「大日本帝国」が敗けつづけていたあの戦争の末期に、部隊の道づれとなって殺されてしまったひとびとやボロ屑のように抛《ほう》りだされ、餓死寸前の身となって、ただの紙切れと化した軍票をもって、ルソン島北部山岳地帯をさまよいあるき、ほんとうに餓死してしまったひとたちに、どうやって被害の証拠を出せというのか！

「従軍慰安婦」問題についての藤岡先生言説の目的は、ただ一つ、「慰安婦問題」など存在しないのだと言いまくることらしい。その目的を実現するために、彼は、「問題の焦点」は「強制連行」があったかどうかであると言うことによって、問題を矮小化したうえで、「日本軍による強制連行を示す証拠はただの一件も存在しない」（「汚辱の近現代史」二六ページ）ではないか、あるなら出してみろ、と要求する。

情報公開法が制定されつつあるこの現代でさえこの国のお役所がいかに情報を隠蔽し証拠隠滅をことしているか、それを知らないでこんな要求をするのなら、要するに、バカだ。知りながら要求しているのなら卑劣な詐術ではないか！

もっと卑劣なのは、そのような事実はない、きみたちが史実を捏造したんだと言ってあからさまに相手を誹謗しておきながら、もしそのような事実があったというのなら、公的な文書によって証明しろ、と要求する、そのやりかたです。藤岡先生の言い分をそっくりお返ししましょう。なぜって、ほかならぬ藤岡先生の論理にしたがってすら、このさい告発者の側におられるのは先生御自身なのだから。

いちゃもんをつければいいのだ

詐術の第二は、否定したい、あるいは、すくなくともその価値を貶めたい命題、たとえば、一九三七年一二月から翌一九三八年二月にかけて、日本軍は、南京で、多数の中国人市民を虐殺したといった歴史的事実に対して、それと正反対の命題、たとえば、「そのような事実はなかった、それは幻にすぎない」といった命題を、いっさいの論証ぬきで、対置することです。

こうした命題を対置すれば、二つの命題をめぐって「論争がおこる」ことになる。ここまでくれば、もう、しめたもので、わたしたちのこの日本国のこの社会に瀰漫《びまん》している風潮、つまり、まっこうから対立している二つの見解があったばあい、その「中」をとれ、という「釣りあいの感覚」につけこんで、相手方の命題の信憑性を五割方減殺することができます。いえ、そこまでやる必要すらないのです。藤岡先生が現におやりになっていることですが、「元慰安婦たちの証言にしても、いくら悲惨なものであるからといって残念ながら鵜呑みにしてかかるわけにはいきません」（「諸君」九七年、一月号、八六ページ）といったふうに、公正さをよそおいながら、ほんのひとこと、疑念を表明すればいい。それだけで、いっぺんに、相手をウサンクサクすることはできます。いちゃもんの効果絶大です。

こういった詐術を、いくらあばかれても執拗にくりかえすことにかけては、藤岡先生にかぎらず、この種のひとびとは、じつに忍耐づよいのです。「南京大虐殺は幻だった」という「幻の事実認定」を世間に公表することによって、洞富雄をはじめとする真摯篤実な歴史研究者たちが、ながい時間をかけて、ひとつまたひとつと、歴史的に信憑性の高い事実を明らかにしてきた、その貴重な営為のすべてを、一挙に貶めようとはかったのも、こういったひとたちでした。

「ナンキン・アトロシティーズ（南京大虐殺）」をめぐる事件のばあい、言いがかりをつけられた真摯な歴史研究者たちの側が、どれほど、徒労に近い努力をかさねながら、真の歴史的事実を立証しようとしたか！　そのために、ほんらいならとうになされていたはずの別な事実の解明がどれほど妨害されたことか！　「従軍慰安婦」問題について藤岡先生たちがおやりになっていることは、まさに、これとそっくりおなじことではありませんか！

そればかりではない。藤岡先生は、自分たちのこういったデマゴギーに異議をさしはさむひとびとの言い分を、根拠もなしに、感情的であるときめつけ、自分たちだけが、実証された事実にもとづいて発言しているかのようによそおうのです。相手の立証した事実については捏造だと言うくせに、自分たちの「身内」が「実証したと称する」事実に対しては、いかなる検証もおこなわずに、ぜったいに正しいものとして押しつけてきます。こういう態度を詐欺的と言うんじゃないでしょうかねえ？　自分自身についても、すこしは疑ってみてはいかがなものか？　このような藤岡先生の詐術は、じつは、いたるところに伏せられているのですね。

藤岡先生は、「イデオロギーに囚われることなく、異なる視座をつきあわせ、自由な討論を活発に組織して、理性的な議論をつくすことこそ最も大切なことである」（「われを軍国主義と呼ぶなかれ」、「文芸春秋」九七年二月号、三〇一ページ）と書いておられます。ならば、隗《かい》より始めよ。

「語るべき歴史」を教えられた世代がなにをしたか

藤岡先生のようなかたがたは、どんなに正確な事実をつきつけられても、いっこうにまいらないのではないでしょうか？　要するに、彼らは、どのような史料からも、自分の見たいものだけを見いだし、どのような事実が語られようが、あらかじめ聴きたかったことだけを聴きとるにすぎないのですから。だからといって、正確な事実をあきらかにすることが、わたしたちにとって、重要でなくなることは、いささかもありません。ただ、それは、藤岡先生のようなやからに「まいりました」と言わせるためではなく、彼らの言説のマヤカシを、できるだけ多くのひとびとの眼にあきらかにするため、です。

と、わたしは、あっさり言いましたが、じつは、これくらいむつかしいこともない。どちらかといえば、藤岡先生たちのデマゴギーのほうが俗耳にはいりやすいくらいです。だからこそ、このひとらの書いた本は売れに売れているのです。なぜか？　なぜ、そういうひとたちが、いる、だけでなく、増えてきつつあるのか？　それほどまでに、この国のひとびとは自信を喪失しているのでしょうか？

「日本国」という名の「国家」を、その「国民」であるとされているひとびとが愛せなくなっている、だけでなく、その国家のためになら自分の生命を捧げてもいいとは思えないでいる、ということは、藤岡先生に御指摘いただくまでもなく、事実でしょう。じじつ、この国家は危機的状況にある、ただし、藤岡先生のそれとは別な文脈において、ですが。その危機の原因は、そして、藤岡先生のおっしゃるように、この国の歴史教科書が日本の「悪口」ばかり書いてきたことにあるのでは、けっして、なく、ほかでもない、藤岡先生のようなひとびとがあらゆる分野でこの国を動かしてきたことにこそある、のではないでしょうか？

藤岡先生は、しきりに、いまの教科書が「すさまじいばかりの暗黒史観・自虐史観・反日史観のオンパレード」であるといって攻撃しておられます。その藤岡先生によると、「ほとんどの教科書の近現代史記述は、日本を糾弾し、日本の近現代史を汚辱に満ちたものとして描きだす悪意ある記述に満ち満ちている」(『汚辱の近現代史』一三〜一四ページ)らしい。なにがどのように汚辱であるのか、どうやら、藤岡先生がかってにそう思いこみいきりたっているだけのように見えてしかたがないのですが、その彼は、つぎのようにまで言いつのるのです。

こんな教科書を子どもに与えていれば、やがて日本は腐食し、挫滅し、溶解し、解体するだろう。自国の近現代史教育のあり方こそは、国民を国民として形成する最重要の条件である。誇るべき歴史を共有しない限り、国民の自己形成はできない。

(『汚辱の近現代史』三〇ページ)

では、どんな教科書を「与えて」やればいいのかというお手本として書かれた「教科書が教えない歴史」(産経ニューサービス、九六年)を、読んでみました。わたしにはピントこない。どころか、こんなのでほんとうにいいのか、こんなつまらない文章ばかり子どもたちに「与えていれば、やがて日本は腐食し、挫滅し、溶解し、解体する」のではなかろうかと、わたしは、ついつい、藤岡先生の立場にたって心配したくらいです。こんなしろものよりは、わたしが国民学校初等科のころ愛読した『神様のお話』のほうが、いえ、『初等科国史』だって、まだはるかに感動的だった。

それにしても、その「誇るべき歴史」を教えられて育ったほかならぬその世代が、藤岡先生でさえ肯定できないでいるあの無謀で不正な戦争をしかけさせられた、のではなかったのか？「慰安所」をつくったのも、そこへつめかけたのも、こういう「誇るべき歴史」を共有していたひとたちではなかったのか？

「日本」の「いいところ」ばかりを教えなければ子どもたちは将来「国」を愛し「国」のために生命を捧げる人間には育たないのだと本気で思っておられるらしい藤岡先生におたずねしたい、あなたは「日本人」をそんなに軽蔑していいのですか？　だってそうでしょう、教科書になにが書いてあるかないか、教師たちがなにを「教える」かいなかによってその思想も感情もまるごとつくられてしまうような人間たちしか「日本人」にはいないってことに、あなたの主張は、論理的には、なっちゃうんですからね。そのようなひとびとに、あなたのご推奨になる「新しい」教科書を「与え」て「教育」すれば、さぞかし、それを鵜呑みにして考えたり行動したりする従順な「国民」が育つことでしょう。そして、そのような「国民」は、そのむかし「誇るべき歴史」を教えられたひとたちがやったのと似たようなことを、またあらたに、はじめることでしょうよ。

どうやら、しかし、藤岡先生ご自身が、このていどの人間であったし、いまでも、あるらしい。自分はどのようにして自分のなかに「植えつけられた社会主義幻想」と「一国平和主義幻想」とに「決着をつけることができた」かを、先生は、いくぶんとくいげに、あちこちで語っておいでのようですが、（『文藝春秋』一九九七年二月号、二九八ページその他）、語られた事実とその語られかたからわたしが受けた印象は、なんのことはない、このひとはなんて単純で煽動されやすい性格なのだろうってことだけでした。

ですから、たぶん、このひとのなかでは、ことばほんらいの意味での「決着」など、なににについても、どのようにも、まだつけられてなどいない。このひとは、もともとは「左翼」であったらしいのですが、そこから「転向」したのでさえないでしょう。そのむかしとおなじ単純さと受動性をもって、時流に乗っているにすぎない。

この国の戦後民主主義教育に失敗あるいは欠陥があったとするなら、ほかでもない、この藤岡先生のような人間を「育て」てしまったことにある、とわたしは考えます。この日本国という名の国家をこのいまの危機的状況に追いこんだ、あるいは、追いこみつつあるのは、ほかでもないこの藤岡先生のような指導者・権力者であるからです。藤岡先生のようなやからの言説が、この国のかなりの数のひとびとを「元気」づけているということ自体、ですから、太田昌国も指摘しているように、「従来の歴史教育が持っていた欠陥にも、左翼のイデオロギー的な歴史解釈の陥穽にも」かかわっています（太田前掲書）。いいえ、それ以上に深く、わたしたち自身のいまの生きかたそのものにかかわっているのではないでしょうか？

処方箋をほしがるひとびと

白井愛の詩集『悪魔のララバイ』（径書房、一九九一）のなかに、「神隠し」という詩があります。みじかいものですから、全体を引用しましょう。

収奪ということばが消えた
わたしたちの列島から

列島の農民が
田畑も
牛も水も
魂も
まるごと
収奪されているときに
収奪ということばが消えた

列島の漁民が
海も
魚も
浜も魂も
まるごと

収奪されているときに

「収奪」という「ことば」が消えたのは、そういう「ことば」がもうはやらない時代になったからです。「収奪」あるいは「搾取」という「ことば」をマルクスが創出したとき、それは、わたしたちのこの資本主義社会の構造を理解するための――それを変革するために――まさにカギであった。そのキーワードが、専門家たちの手垢にまみれ、歳月に侵蝕されて、いまや弊履《へいり》の如く棄てさられようとしているのです。その「ことば」を創造的に駆使することによってこそ、わたしたちのこのいまの状況に切りこんでいかなければならない、そのときに！

このような「ことば」をこのように棄てさるのは、しかし、専門家だけではありません。そのような専門家にたよりっきりの「一般大衆」だっておなじことなのです。専門家たちが、概念によってしか、記号によってしか思考しない習慣を身につけてしまっているのとおなじように、「一般大衆」は、自分自身の生きる現実のなかからつむぎだした「ことば」によって自立して考えるのではなく、専門家のつくりだした流行の専門語にたよってしか考えることができなくなっている。ある未知の不可解な現象に、ある名辞があたえられると、ひとびとは、もう、それで安心して、わかったような気になってしまう。ばかりか、以後は、そのあたえられた概念を操作することによってしか思考を展開しない。

言いかえれば、これは、なんらかの図式にたよってしか考えることができない、ということです。だいいち、藤岡先生御自身がみごとにこの陥穽にはまっているではありませんか。彼がしたりがおして提唱している「自由主義史観」そのものが、そうとうに陳腐な図式以外のなにものでもないでしょう。あれは、まず、「コミンテルン史観」だの「東京裁判史観」だのといった、学問的にはきわめて不正確な概念によって、わたしたちの祖父母や父母やわたしたち自身の生きてきた、生きている現実の生を図式化し、その図式に対して、彼のあたまのなかでかってにつくりだしたもうひとつの図式を対置しているだけなのです。このようにおそまつな図式に、なぜ、いかれてしまうのか？

わたし自身いくども体験していることなのですが、たとえば講演などで、じつは現代の「神話」でしかないものに、わたしたちがいかに呪縛されているかを、「解明」し「検証」していくと、そのあとで、かならずと言ってもいいほどに、こういう質問を受けるのです、「それでは、わたしたちはどうしたらいいのでしょう？」

それを考えてもらいたいために、わたしは、わたしの話を聴いてくれているひとびとの面前で、問題の本質を解明しようとしたのではありませんか。それも、図式化することをできるだけ避けながら。

この日本国という名の国家における戦後民主主義教育の最大の欠陥は、真の意味で自立した思考を身につけさせることに失敗したことでしょう。「自分のあたまで考えなさい」と、しきりに教師は言ったけれど、生徒たちがほんとうにそういう力を養っていけるように、彼らを挑発し、自立思考をうながすようなやりかたを、とってきたと言えるのでしょうか？　だいいち、教師たち自身が、自立した考えかたなどできないままで、「自分のあたまで考える」という教義《ドグマ》を押しつけてきたのではなかったでしょうか？

自立できない、だれかに、なにかに、たよらないではいられない、そういうひとびとの生きかたこそ、藤岡先生流のデマゴギーの温床なのではないでしょうか？

白井愛の『キキ荒野に喚ばわる』（罌粟書房、一九八五）のなかに、精神病院に閉じこめられた「狂人」の手になる、鬼気迫る詩があります。

戦争は　平和の罰
戦争は　幸福の罰
戦争は　共犯《なれあい》の罰
戦争は　特権の罰
戦争は　卑屈の罰

センソウサンセイ
カクヨコイ
キミタチゼツメツダイサンセイ
ドウセワタシハコロサレル

藤岡先生らの低劣な言説が「かなり大衆的な基盤を持ちはじめている」（太田前掲書）のは、こういう

「罰」なのではないでしょうか？

（天野恵一編著『自由主義史観を解読する』社会評論社、一九九七年九月所収、本書掲載に際し改稿）

第七章　あなたは「国」を愛せますか？

第七章　あなたは「国」を愛せますか？

だれもが「あたりまえ」の言いかたとして「国」ということばをつかっています。たとえば、東京都知事が「GO TO トラベル」から東京発着を除きたいとして「国」と協議した、というときの「国」とは、「地方自治体」とは別の全国的規模の行政組織、つまり「日本国」という名の国家のことです。具体的には、その国家を支配している内閣および関係諸官庁のことですね。ここでは「国」と「地方」とが対語になっています。あるいは、アメリカ合衆国、中華人民共和国などといった「外国」と対照するときにも「国」はもちいられます。

こういうばあいには、つねに「国」という漢字がつかわれます。いちいち「国家」と言うのはわずらわしいので、「国」という一字で代表させているのですね。もうおわかりでしょう、「国」とは「国家」のこと、「国」＝「国家」なのですね。

ところで、東日本大震災からちょうど一年目の二〇一二年三月一一日に国立劇場でおこなわれた日本国政府主催「追悼式」での明仁天皇の「おことば」から、わたしがどういう印象を受けたか？　なるほど、ここまできたのか。という感慨でした。「勅語」はいまや遠い。裕仁天皇のあの独特の発音や抑揚は、息子である明仁天皇にも受けつがれているようですが、そこで語られたことばは平明で、そつがなかった。内外のあらゆる階層、さまざまな職業のひとびとへの気配りもいきとどいていました。

天皇の「おことば」のなかで、わたしの記憶にのこったのは、「国民皆」という表現でした。「国民皆が被災者に心を寄せ（中略）」たゆまぬ努力を続けていくよう期待しています」といったふうに、この表現はもちいられていました。この「国民皆」は、遺族代表のことばにあった「皆さん」とはちがう。「さん」がついているかいないかではなく、まったく異質のものです。にもかかわらず、おなじものを指し示すかのように、もちいられています。しかし、すくなくとも、このわたしには、明仁天皇から「皆」とひとくくりに呼びすてされるいわれはありません。

呼びすてにされることが問題なのではない。「皆」という表現が問題なのでもない。問題なのは「国民」という表現なのです。この表現を、すくなくともわたしは、文脈上必要不可欠でないかぎり、けっしてもちいません。「日本人」という言いかたもしない。「民族的に大和民族に属するひとびと」などと、まわりくどい言いかたをわざわざします。「日本国という名の国家」といった言いかたもします。なぜか？「日本国民」には、「日本民族」に属していないひとびともたくさんいるのに、「日本国民＝日本人」であると無邪気に信じこんでいるらしいひとたちへのあてつけ、ですね。とはいえ、このわたしが、民族として「日本民族＝ヤマト民族」に属していることからは、のがれようがありません。だからといって、しかし、このわたしが、無条件に、「日本国民」であるわけではありません。このわたしが「日本国民」であるのは、わたしが日本国の国籍を取得しているかぎりにおいて、なのです。

わたしが「国」と漢字で表現するのは「日本国」という名の「国家」のことです。そのわたしは、この「国」を、無条件に愛してはいない。なぜなら、この「国」とは、具体的にはこの「国」を乗っ取って支配している卑劣で無能な政権のことだからです。そんな政権を愛したり、ましてそのためにこの身をささげる気にはなれないからです。そのわたしには、ですから、無条件の「愛国心」などありません。わたしが、このいま、現実に生きさせられているこの国家、わたしが選んだのではないひとたちによって支配されているこの国家など、わたしは、愛していないどころか嫌悪しています。

では、おまえはこの国を愛していないのか？　これまで、いくども、わたしは、こんなふうに詰問されたことがあります。そのように詰問するひとびとの話す日本語は、しかし、たいていは、汚らしく、聞くにたえなかった。

日本語を、わたしは、こよなく愛しています。この言語だけが美しいと言うつもりはありません。それぞれの民族の言語には、それぞれの美しさがあることを知っているからです。そのうえで、わたしは、母からこの心にそそぎこまれたこのことばを、こよなく愛しているのです。

わたしがくらしているこの列島の山を、森を、野を、田畑を、河川を、湖を、海を、この土地と水と空気とを、わたしはこよなく愛しています。わたしが愛しているのは、この島々のこの自然と、そこにくらしているひとびとを、です。そのひとたちが話すことばを、です。この総体をわたしは「くに」と呼びます。

この「くに」とは、国家である「国」とはことなり、ひとびとがそこでうまれ、そこで育ち、そこでくらしている自然のことです。「ふるさと」とも言う。その「くに」を愛するひとびとの素朴な心を、しかし、「国」を支配する者たちは、「国＝国家」への愛へと、たくみにすりかえます。そうしむけられるひとたちのうちにも、しかし、そうされてしまうだけの土壌が醸成されているのではないでしょうか?

わたしがひらがなで書く「くに」、けっして漢字では書かない「くに」とは、英語でなら「ステイト」とは区別されている「カントリー」、ロシア語では「ロージナ」と言います。ロシア語の「ロージナ」は、「ラジーチ」=生まれるという動詞から派生している名詞です。

大学にはいりたてのころ、フランス語の授業で「マ・ノルマンディー(わたしのノルマンディー)」という歌をならいました。美しい旋律の歌ですが、その歌詞を、わたしは、おぼえる努力などいっさいしなかったのに、いまだに暗記しています。

その歌詞は、ざっとつぎのようなものです。すべてが希望へとうまれかわり、冬が遠くへ去って、わたしたちのフランスの美しい空のもと、太陽がまたいっそうやさしくもどってきたとき、自然がまた緑につつまれ、ツバメがもどってきたとき、わたしはノルマンディーへ帰るのが好きだ。そこは、わたしに生をあたえたところだから。

わたしに生を与えたと訳したところは、じつは、「日をあたえた」となっている。一日の「日」です。「日」をあたえるという言いかたで「生」をあたえることを意味しています。このところを、カナで書くと。「セ・ル・ペイー・キマドネ・ルジュール」となる。「セ・ル・ペイー」はこれは「ペイー=くに」なのだとなる。この「くに=ペイー」が関係代名詞「キ」によって、「わたしに生をあたえた」と具体化される。この「ペイー」という語のひびきが、なんともいえず、なつかしい。「くに」にも、おなじひびきがある、とわたしには感じられます。

この「くに」を愛するおもいは人間にとってすなおな愛のありようではないでしょうか？　この「くに」への愛のありようを、多くのひとびとは、「国」への愛と混同しているようです。このふたつのまったくことなるもの、つまり「くに」と「国」とを、きちんと区別して考える、という考えかたが身についていないのですね。国家と社会とを区別して考えることができていないのです。

　国家と社会とを区別して考えることが、身についていさえすれば、「領土問題」などであれほどたやすく排外主義的気分に感染してしまうはずがありません。たいせつなのは、いまわたしがくらしているこの土地が、だれのものか、などではないからです。その土地を、だれが、どの国家が領有していようが、そんなこと、そこにくらしているこのわたしにとっては、どうでもいいのです。どうでもよくないのは、ここでのいまのくらしがおびやかされるか、おびやかされないか、なのです。

　このわたしと、ほとんどおなじような考えかたをしているひとに出会いました。日本近代史の研究者伊藤晃です。二〇一一年の七月一〇日に、「ピープルズ・プラン研究所」でおこなわれた小集会のおり、伊藤は、敗戦によって天皇制どころか天皇の肉体まで抹殺されかねない危機におちいったとき、その危機を裕仁天皇が、宮廷官僚たちとともに、どのように回避し、こんにち見られるような「象徴天皇制」という制度を築くことができたのか、という文脈で、天皇の「口調」が変化したことの意味を、みごとに解明してみせました。

「大日本帝国」のもとでの専制君主から、「国民」とともにある天皇、「国民」と苦しみをともにし、はげます天皇への変身です。いわゆる「人間宣言」のなかの「然レドモ朕ハ爾等国民ト共ニ在リ」というくだりには、たしかに、伊藤が指摘するように、明仁天皇の「おことば」につらなる姿勢の萌芽が見られるでしょう。

いわゆる食糧メーデーのさいに裕仁天皇がのべたと言われる「全国民、乏シキヲ分チ苦シミヲ共ニシ、同胞互イニ助ケ合ウ気持デ今ヲ切リ抜ケル」ことがたいせつだといった文言は、追悼式での明仁天皇の口吻とほとんどとそっくりです。これは、「対立を和合させる天皇、苦しみを共にし、励ます天皇への変化」なのだと伊藤は言います。この「思想が、だんだん進化していって、いまに到っている」のだ、とも。

おもえば、「大日本帝国」という名の国家が「連合国」の占領下におかれることになったあの敗戦後の一時期には、ほんとうにこの国家を変えることができるのではないかといった気分がありました。伊藤は、これを「荒々しく原初的な民主主義」と名づけています。この動きが「人民主権の方向に一気に向かうこと」をなんとしてでも阻止し、これを「飼い馴らしていく」ことが、天皇を中心とした支配層には、焦眉の急であったのですね。そこで出てくるのが「天皇主権」でもなく「人民主権」でもないものとしての「国民主権」だった、という伊藤の指摘は、とりわけ、このいま、きわめて重要であるでしょう。

「日本国憲法」の成立過程において、GHQから示された草案の「We, the Japanese people」を、「われわれ日本国民は」にすりかえたことのうちには、伊藤が正確に指摘しているように、一つの憲法思想があらわれているのであって、「単に訳語を細工したという問題では」断じてない。「国民」すなわち「国の民」という合成語には、「国」すなわち「国家」が先ずあって、その国家「の」民であることを示すという構造があるのです。ここでの「の」は、あきらかに、所有関係をあらわす助詞ですから、この「民」は「国家」に所有されているのです。

国家なくして国民などありえない。国家が滅びれば、国民も滅びるのだ、といったたぐいの詭弁が通用する土壌は、ここからもつちかわれていくのですね。天皇の地位は「主権の存する日本国民の総意に基く」などと憲法に謳《うた》ってみたところで、それは「ことばのあや」にすぎないでしょう。わたしたちは、国家に所有され、国家に依存する「国民」であるかぎり、「主権」の「主体」でありうるはずはないからです。この「国民」でありつづけるかぎり、わたしたちは、ほんとうに「ピープル」としての主権を自覚し行使することなどできるはずがありません。

敗戦によっても消滅しなかった、逆に言えば、この国家の支配層が死力をつくして護りぬいた「国体」には、「三つの大きな側面」があったのだ、と伊藤は指摘しています。

第一は、旧憲法の規定にある「天皇主権」

第二には、「その天皇主権によって保証されるところ専制体制」です。そして

第三が、「天皇と国民が共につくる国」という側面です。

この第三の「国」を梃子にして「象徴天皇制」はつくられ、機能してきているのです。この「国」を天皇と「共に」創っていくものだという「意識」をわたしたちのからだじゅうに浸潤させることができれば、たしかに、「象徴天皇制」は安泰でありうるでしょう。

キーワードは「国民」なのです。この意識から、われとわが身をときはなつことができなければ、人

民でも、市民でも、公民でも、村民でも、なんでもいいけれど、「国民」でだけはない存在にならなければ、わたしたちは、天皇を「象徴」として利用するこの国家の支配権力による呪縛から、真に自立することはできないのではないでしょうか？

補足的註

「people」に相当しうる日本語表現が見つからないと歎きながら、小田実は「ピープル」とカタカナで記していた。「人民」あるいは「民衆」という表現を、わたしも随時もちいはするが、こういった表現には、在来の左翼臭がつきまとっていることを否定できない。

「ひとびと」とすべきであると主張し実践している友もいますが、ただ、この表現では、権力者ではなく、権力から虐げられているひとびと、というニュアンスが消えてしまいます。わたしは、そこで、「たみ」という和語を、まとわりついている手垢を丁寧に洗いおとして、復活させてはどうか、と考えてもいます。

第八章　なぜ、死を意義づけようとするのでしょう？

第八章　なぜ、死を意義づけようとするのでしょう？

ロシア人相手の仕事をながらくやっていたので、ロシア人と議論することも多かった。そんなとき、わたしは、かならず一人称単数で話しました。英語流に表記すれば「ウィー・ジャパニーズ」とか「アワー・カントリー」とか、なぜ、言わなきゃならないのか。なぜ、「日本人」の大多数から排除されているこのわたしが「日本人」を代表しなきゃいけないのか。この文章でも、わたしは、一人称単数をつかいます。わたしはこう考える、と書く。

「金のことば」を吐き、永遠に老いることのない者たちの列につらなったポール・ニザンが『トロイの木馬』（浦野衣子訳、晶文社）のなかで書いています。

戦没者慰霊塔は県庁のまえにあった。心臓の側の左の胸をはだけた大柄な白い女、それはフランスを、あるいは祖国を、あるいは想い出を、あるいは慰問袋の女性を、あるいは駅のそばで帰休兵と大いそぎで寝る娘を表していた。発掘途上の死体のように両肩がまだ石のなかにうめこまれている戦没兵士の頭上に、その女は棕櫚の枝をさしのべていた。兵士は美しく、無疵だった。このほとんど全裸の美女に目ざめさせられてむしろ満足そうなようすをしている。戦後数年もたち、戦没兵士のことを思いだして民間の墓地や一家の墓所に移葬しようとするそんなころになって、ほんとうに死んだ兵士をかたどって建てられる戦没者慰霊塔などありはしない。死者のほんものの顔は、美しい河のほとりの県庁むきにできているものではない。

どうしても遺骨をくにへもちかえらなきゃいけないと思いこんでいるのは日本人だけらしいけど、「慰霊」という思想や風習そのものはどこにでもあります。そして、それは、なんらかの儀式と結びついています。そのような「慰霊」のありように疑問を呈したり、ましてそれを変えようなどと言いだす者は、たぶん、その社会では生きていけなくなるか、すくなくとも、生きるのがとてもむつかしくなるでしょう。それにしても、ほんとうに死者がそうしてほしいとねがっているような慰霊のしかたを、ひとびとはしているのでしょうか？　だいいち、ほんとうに死んでしまったひとのねがいを、生きている者はどうして知ることができるのか？　生前に希望を聞くことはできよう。しかし、とりわけ、不慮の死をこうむらなければならなかった者が、その死後に、なにを、はたして、のぞんでいるのか、わかるのだろうか？

死者は語らない。語れない、ということこそ、死という事実の本質なのです。すべては、だから、生者の思い入れにすぎない。「慰霊」という行事においては、慰めるのも、慰められるのも、死者ではなく、生者なのです。死者たちは、もはやどうしようもなく、生者たちにゆだねられているのです。

「大日本帝国海軍」のもと「軍人」や「遺族」たちによる「太平洋上慰霊祭」に赤い服を着て出ようとしたら不謹慎だと「慰霊祭実行委員会」から制止された女性の話を、わたしは「八・一五集会」の会場でしました。このひとは、世間では「おばあさん」としかもう呼ばれない年になっているのですが、いまは亡き夫が、その服ステキだね、とほめてくれたときのことを忘れていない。わたしがとむらいにきたひとは、わたしの赤い服をしってる。わたしは、あのころは、まだ、それが似合う少女だった。

なのに、それは厳粛であるべき「慰霊祭」にふさわしくない、といって、基準を立て、儀式化するところから、しだいに死者との距離は遠のいていきます。遠のいていくにしたがって、死者は、生者たちによる恣意的な利用にゆだねられていきます。死者のそのような利用の最たるものが、国家権力による「公的」な「戦没者慰霊」のありようです。

「戦没者」たちは、「国＝国家」を「護る」ために死んだのだ、その彼らのおかげで、「わが国」のこんにちのこの「繁栄」があるのだ、その彼らの「勲功」を顕彰するのでなければ真の「慰霊」にはならないのだ、といったことを、まるで不動の真理ででもあるかのように、このわたしに押しつけようとする、そういうひとびとが心底うとましい。なぜか？

ほかでもありません。そういうひとたちは、かつて、自分自身の手で死に追いやった＝殺した者たちのその死をすら、自分たちの責任を回避するために、ばかりか、自分たちがいまいだいている反民衆的なよこしまなもくろみのために、もう一度、利用しようとしているからです。それも、死者へのおもいにゆれうごく「遺族」たちの心の定まらなさにつけこんで。そのような卑劣なたくらみに、動機はなんであれ、荷担しているにすぎないくせに、死者をほんとうに悼む気持などこれっぽっちもないくせに、いかにも、自分たちだけが「戦没者」の気持を代弁しているかのような顔を、平然としているからなのです。いったい、なんの権利があって、彼らは死者の心のうちにたちいるのか！　いったい、どのような根拠によって、死者の悼みかたにまで干渉するのか！　死者を悼むという行為は、もともと、純粋にわたくし的なことではないのか！

死者を悼むということと、その死を意義づけること、まして顕彰することとは、まったくべつなふたつのことなのではないでしょうか？　悼むという行為には、なんの目的もふくまれてはいません。あるひとの死を悼むとは、そのひとの死という事実をうけいれることの苦悩と苦痛とを、そのひとが死んだということの理不尽さに対する絶対の怒りを、悲しみを、いま、ここに、このわたしが生き残っているということのくやしさとかなしさのすべてを、あげて、その死にむかって投げかける、ということで、たぶん、あるでしょう。ですから、そこには動機だけあればじゅうぶんなのであって、なんの理由も目的もいらないのです。

しかし、ひとつの死を意義づけるには、動機だけではじゅうぶんではない。意義づけるにあたいする理由と、それを正当化しうる目的がなければならない。そのような理由や目的が、そして、そのときどきの国家（社会）における支配的価値の体系のもとで、「公的」とされているものにかぎりなく近づいていくであろうということは、見やすい道理です。なぜ、死を意義づけようとするのか？　なぜ、「犬死に」を嫌うのか？　世間様に顔向けのできる死と、顔向けのできない死を区別する。盛大な御葬式でよかったねと言う。そのような意識が、国家権力による死者の顕彰を、つまり、死の意義づけどころか格づけを、下から支えているのではないのでしょうか？

死者にかわって語りうる資格を、たぶん、かろうじて持っている作家エリ・ヴィーゼルは、死についての深い省察の書『死者の歌』（村上光彦訳、晶文社）のなかで、ナチに殺されたユダヤ人たちについて、わたしたちに訴えています。

（死者たちを）理解しないでいただきたい。（中略）彼らを、いつまでも、彼らのいるべきままの姿で、いるべき所に残しておいていただきたい。すなわち、あなたがたの存在の奥底に疼《うず》く、類《たぐ》うべくもない傷として、苦痛として。

第九章　明仁天皇は、サイパン島で、なにをしたのでしょう？

第九章　明仁天皇は、サイパン島で、なにをしたのでしょう？

サイパンは「玉砕」の島でした

天皇のサイパン訪問について話してほしいと言われて即座に引き受けたのは、サイパンという島の名にひっかかったからなのですね。なぜ、ひっかかったのかと言いますと、言うまでもなく、ここがあの大戦争のさなかに、軍人だけでなく、一般住民までが「玉砕」した島であったからです。あのとき、明仁天皇は一〇歳、わたしは一一歳でした。あの時代の少年のひとりとして、明仁さんも、また、この「玉砕」の報せ《しら》に衝撃を受けたにちがいないでしょう。

「玉砕」は、サイパンがはじめてじゃありません。一年前にアッツ島守備隊が全滅しています。このときはじめて「玉砕」ということばが耳を打ちました。玉となって砕け散る。じつに美しいことばではありますが、そのじつ、みんな死んでしまうのだ、ということは、子供心にもわかりました。文字どおり、身のふるえるおもいがしたものです。

サイパン島「玉砕」の報道は、衝撃でした。なぜって、わたしと同じ年頃の少年少女が、いえ、もっと幼い子たちや赤ん坊までが、母親の胸にいだかれて断崖から身を投げたのだ、と報されたからでした。もちろん、当時の少年わたくしには、チャモロ族のことも朝鮮人のことも、念頭にありません。

サイパン「委任統治」の意味

サイパンとはどういう島であったのか？　南太平洋・中部太平洋の他の多くの島々とおなじように、この島もまた、歴史的には、あの大航海時代に、超大国スペインが派遣したマゼラン探検隊によって「発見」されてしまったという「不幸」を背負っています（「不幸」という表現は、フィリピンの現代史家アゴンシーリョによるものです）。

この「不幸」以来、この島もまたスペインの統治下におかれることとなり、フィリピン諸島がスペイン王フィリップ二世の島という意味を持つように、この地域の島々は、皇后マリア・アンナの名をとってマリアナ諸島と名づけられることになったのでした。

一八九八年、この島々は、新興帝国主義国家ドイツに売り渡され、第一次世界大戦でドイツが敗北するまでその支配下におかれるのですが、この一八九八年という年こそ、太平洋地域の島々にとってはきわめて重大な歴史的転機でした。つまり、地上はじめての「自由の国」であったはずのアメリカ合衆国が、西欧帝国主義列強とおなじ顔をむきだしにしてきたのが、この年だったからです。

この年、アメリカ合衆国は、ハワイの王朝を陰謀によって倒し、この島を自国の領土に編入しました。グアム島とプエルトリコを併合したのもこの年です。

もっとも悲劇的な運命をたどったのが、フィリピンでした。フィリピンでは、このとき、三〇〇年以上も続いたスペインの圧政に抗して武装蜂起した革命軍が、スペイン植民地当局を降伏寸前にまで追いつめていました。まさにそのとき、アメリカ合衆国が軍事介入して、独立を支援するかに見せかけながら、その裏でスペインと取引し、スペインにかわる新植民地支配者としていすわってしまったのです。

その後ほぼ一〇年にわたって、フィリピンでは、革命独立軍による果敢な抵抗が続きました。こうした抵抗するひとびとを、アメリカ新植民地権力は、「ギャング」だの「テロリスト」だのと名指して弾圧し、ついにみなごろしにしたのでした。

さて、サイパン島を含むマリアナ諸島は、一九一九年、第一次世界大戦の戦後処理によって、「大日本帝国」の委任統治領となりました。日本は、以前から、ここを南方資源獲得のための戦略基地にするつもりでしたから、「南洋庁」を設置して、おおいに産業を振興します。実質上国策会社と言っていい南洋開発株式会社をつくって、サイパン、テニアン、ロタ島などにサトウキビ畑を拓き、サイパン島での製糖業を中心に、アルコール、糖蜜、デンプンの製造や、燐鉱《りんこう》の採取、さらには水産業（鰹節工場）などにも手を広げていきました。

島の先住民としては、カナカ族がいました。ハワイにもいる原始的民族です。ほかに、チャモロと言われる民族もいました。これはスペイン人との混血で、かなり欧米化していました。こういった先住民族を、日本政府は、民度が低いといってバカにして、日本語を教えていくことで「近代化」させようとしています。

しかし、彼ら先住民を労働力として利用することはなかった。製糖業のための労働力として利用されたのは、沖縄人だったのですね。当時、沖縄人は「一級下の日本人」扱いでしたから、労働力は低廉だったのです。その結果、サイパン島には、沖縄から大量の労働者が移住してきています。

一九四四年にアメリカ軍がこの島を攻撃してきた当時の人口比率では、日本人（沖縄からの移住者を含む）が約二万人、現地住民は、チャモロとカナカとを合わせて約四〇〇〇人。その他に、この島の防衛のために派遣された日本軍将兵が、陸海あわせてだいたい三万人と言われています。これに対して、アメリカ軍はほぼ七万くらいです。数のうえで優勢だっただけでなく、圧倒的な戦力を保持していました。制海権・制空権もにぎっていました。

六月一五日にアメリカ軍がこの島に上陸し、七月九日には、サイパン島占領を宣言します。その三日前の七月六日には、日本軍司令部の栗林中将（海軍中部太平洋司令長官）や斎藤中将（陸軍第四三師団長）などが自決してしまっています。自決するにあたって、命令ではないのですが、強く「玉砕」を示唆する声明を発表しています。このあたりの経緯が、じつは、沖縄戦のばあいとひじょうによく似ているのですね。

サイパン島の日本軍は、七月九日に「バンザイトツゲキ」をしたのが最後で、ほとんど全滅したと考えていいとおもいます。この島での戦闘でどれほどの犠牲者が出ているかというと、アメリカ軍のほうは、戦死者三〇〇〇人強、戦傷者一万人強ほどであったといわれています。これに対して、日本軍のほうは、正確にはわからないのですが、三万人のうち、生き残ったのは一〇〇〇人たらず、二万人ほどいた在留邦人のうち、生き残ってアメリカ軍に収容されたのは、八〇〇〇人くらいであったと言われています。現地民からも、四〇〇人強の死者が出ています。

要するに、この島での戦闘の最大の特色は、軍人以外の非戦闘員が大量に死んでいるということ、それも、その大部分が、アメリカ軍の爆撃や銃砲火によってではなく、断崖から身を投げ、あるいは、車座になった中心に手榴弾をたたきつけて自決するといった悲惨な死をとげているということなのですね。このようなやりかたで非戦闘員を巻きこんでしまう戦闘が、そして、その後、沖縄で、もっともっと悲惨にくりひろげられていくことになるのですね。

「南太平洋慰霊の旅」に参加して

わたしは『餓島一九八四←→一九四二』という本に、一九八四年にわたし自身が参加した「南太平洋慰霊の旅」の体験を記録としてとどめています。この「南太平洋慰霊の旅」というのは、じつは、太平洋の諸地域で戦闘に参加した旧海軍軍人の団体が中心となって、ガダルカナルやニューギニアなどの島々で九死に一生を得た元陸軍の将兵にも参加を呼びかけた、いわゆる戦跡巡りの旅でして、サイパン島からパプアニューギニアのラバウルへ、さらにソロモン諸島のガダルカナル島へといったふうに巡航していって、最後にグアム島に寄航して、帰国するといった旅だったのです。

こういった「慰霊の旅」に、なぜ、わたしが参加したのかといいますと、わたしの本の主人公である赤松清和さんが、かつて、船舶砲兵として乗り組んでいた「九州丸」が、ガダルカナル島タサファロング沖でアメリカ軍の攻撃をくらって沈没し、さいわい湾内であったから、自力で脱出し、泳いで岸辺にたどりついたものの、所属部隊が雲散霧消してしまったので、軍からはコメ一粒も給与をうけることができず、餓死寸前の身を横たえていた密林に、六二年の歳月を経て、もう一度、この身をおいてみたいと、強く願ったからでした。

赤松さんというひとは、召集忌避はせずに、召集されて軍隊に入りはしたものの、「殺し殺される存在＝兵隊」となることは、「ヤル気アリマセン！」と公言して拒否し、一下級兵にとどまり、兵としては無能に徹しながら、人間として生きのびる能力においては抜群の力量を発揮して、「死の戦場」と言われたガダルカナルからもフィリピン・ルソン島からも生きて帰ってきた、という「カワリモン」でした。

この赤松さんの願いは、そこに行って「慰霊」をするとかいったこととは、およそ無関係で、ただただ、かつて餓死しかけたその場に、もう一度身をおいてみたいという直接的なものでした。そういう願いを強くもっている赤松さんのかたわらに、わたしもまた身をおきたい、そうおもったのが、この旅に参加したわたしの側の理由です。

その当時は、ガダルカナル島を訪れることのできる交通機関は皆無でした。ですから、この元海軍軍人たちの企画した「慰霊の旅」に便乗することしか、ガダルカナル島を訪れる手段はなかったのです。むろん、旧軍人たちや遺族たちがどんなふうに「慰霊」をとりおこなうのか、見てみたいという興味もありましたが。

これは一九八四年のことですから、それからもう二〇年以上も経っています。サイパン島のようすも眼を見張るほど変っているようです。その当時はまだなかった慰霊碑などもできているようですね。生き残ったひとたちや遺族たちも、年とともに老いていき、明仁天皇が出席した今年の慰霊祭は、ついに、現地での最後の慰霊祭となったのだそうです。けれども、きょうここでお話しする準備のために、新聞や雑誌の関連記事を読んでいるうちに、どうやら、一〇年あまりまえわたしがそこで感じたことや考えたことのひとつひとつが、不幸にも、まさにこのいまの問題として生きているのではないかといった印象を受けたのでした。とりわけ慰霊祭のやりかたについて、です。

では、一九八四年当時「南太平洋慰霊の旅」の一行が、ここでどういうかたちの慰霊をしたのか？慰霊祭は「中部太平洋戦没者の碑」のまえでおこなわれました。これが、サイパン島でのメインイベントだったのです。この碑について、この慰霊団が発行していた「にっぽん丸」船内新聞『南十字星』は、「玉砕将兵の碑」と表現していました。一方、じっさいにその慰霊塔のそばに行って「建立由来」を読んでみたら、この碑を建立した日本国政府のほうは、先の大戦で「戦没した人々をしのび平和の思いをこめて」建立したと刻んでいたのですね。

そこで、「戦没」という語の意味を、手許の辞書で調べてみたのです。たとえば、久松潜一監修の講談社学術文庫『国語辞典』には、「戦争で死ぬこと」と書いてある。これなら、なにも軍人だけとはかぎるまいとおもいながら、そのつぎを見ると、「戦死や戦病死」と、ちゃんと書いてある。戦死も戦病死も、軍人でない普通の民間人はしませんから、やはりこれは軍人だけを念頭においているのだなあ、とおもいました。小学館の『国語大辞典』になると、もうはっきり「戦死・戦病死」となっています。「戦死」の項には、そして、「戦場で軍人・兵士が戦闘によって死ぬこと」と定義されているのです。いずれにしても、民間人も現地人も視野に入ってはいないようです。なぜ、そんなことにこだわるのかといえば、先ほども言いましたように、ほかならぬこの島では、軍人ではないひとびとが、悲惨な死にかたをしているからです。このことについては、ちょっと後回しにして、まず、慰霊祭がどういうふうにおこなわれたかについてお話ししましょう。

じつは、「にっぽん丸」がサイパン島へ着く以前に、硫黄島沖を通過したとき、「洋上慰霊祭」というのがとりおこなわれたのでしたが、サイパン島での慰霊祭も、これとほとんどおなじ式次第でおこなわれているのです。では、それは、どのようなものであったのかについてお話しておきましょう。

まず、正面祭壇の中央に「南太平洋戦没者の霊」と大書した看板が掲げられ、その向って左には日章旗、右には軍艦旗が配されていました。軍艦旗の右横には「殉国の英霊」と墨書した掛け軸。祭壇の左右には、各種戦友会、遺族会などの花輪がずらりと並んでいます。

正面祭壇に向って、導師をつとめる五人のお坊さんが、色とりどりの袈裟をまとって坐ります。その内訳は、曹洞宗二名、浄土真宗三名です。他宗派の坊さんはいません。むろん、神主も牧師も神父もいない。二七〇名の参加者はすべてこの二宗派の檀家だとでもいうのでしょうか？　けれども、そんなことを不思議におもうひとは、たぶん、いないのでしょうね。

慰霊祭は、まず、「硫黄島玉砕英霊に対して黙祷！」という号令ではじまりました。海軍信号兵だったという老人がラッパで吹く「国の鎮め」が流れます。その後に、硫黄島およびその周辺海域において「散華」され、「悠久の大義」に殉ぜられた「英霊」を「慰め」かつ称える趣旨の「慰霊の言葉」が縷々述べられていきます。

サイパンでの慰霊祭も、基本的には、これとおなじでした。そのあと、ラバウルへ行ったり、ガダルカナル島へ行ったりもしましたがどこでも、全部、おんなじような祭壇が設けられ、同じような式次第で、粛々と式が進められていく。これが、こういったひとたちのおこなう慰霊祭のスタンダードなのでしょう。

ところで、「慰霊の言葉」において典型的なのは、それが徹頭徹尾公的な言辞であったことでした。わたくし的な言葉など、いささかもきこえてこないのです。たとえば、サイパン島慰霊祭のばあいなら、攻防戦における「英霊」たちの「戦歴」を縷々述べたのち、その「玉砕」に触れて、「無念の涙をのみ、悠久の大義に殉ぜられたと推定されます。思うだに痛恨の極みであります」と締めくくる。そのうえで、「日本は刀折れ矢尽きてポツダム宣言受諾」となり、「大東亜戦争に敗れ、終戦を迎えました」と続きます。そのあとで、これまた判で押したように、「国民が一致協力して茨の道を踏み越え目覚ましい経済成長を遂げ、今では世界一住みよい国になりました。これもひとえに今次大戦において散華されました英霊がたの賜物であり、究極においてその目的の一端が達成されたと言うべきであり、そしてこの貴い犠牲が永劫に燦然《さんぜん》と輝くことを実証するものであります」といったふうに、戦後の歴史のなかに「英霊」の存在を意義づけ顕彰するのです。

はじめからしまいまで、この種の紋切り型を連ねるだけでした。このとき「慰霊の言葉」を述べたひとは、じつは仲の良かった弟さんをここで喪ったお兄さんであったのですね、その兄として弟に呼びかけていたはずなのです。にもかかわらず、そういったわたくし的な感情は、なにひとつ、ここでは表明されていないのです。

なぜ「玉砕」に追いこまれたのか？

この慰霊祭が終わったあと、わたしたちは、何台かのバスに分乗して、島を巡りました。わたしのバスには、サフランさんというチャモロ人の名ガイドがつきました。このサフランさんが、これから「バンザイクリフ」に向うというとき、卓抜な解説を口にしたのでした。

「軍人、民間人、全部、島の北端に追い詰められ、そこで人々は北の方面へむかってテンノウヘイカバンザイすましてから、みんな、立っているところから玉砕されました」。

サフランさんは、日本語がすごく達者なのです。そのひとが口にした「テンノウヘイカバンザイすましてから」は、意図的であったのかどうかはわかりませんが、すくなくともわたしの耳には、ものすごいブラックユーモアとして響きました。

なぜ日本人はこんなに死にたがるのか、まったく理解できなかった、というのが、戦闘に参加したアメリカ兵たちのいつわりのない心情だったようです。彼らにしていれば、降伏してくれさえすればいいのに、絶対に降伏しないままで死んでいく。しかも、女・子供まで。しかし、あの当時少年であったわたしには、いま、そのわけがわかるのですね。

島の最北端に、みんな、追いつめられてきています。追いつめられたのは「敗残兵」と島民とがごちゃまぜになっていて、兵も民間人も見分けのつかない群衆なのですね。その群れが、逃げに逃げて、ついに海岸まで、たどりついた。後ろには、もう、断崖しかありません。前は、三方からアメリカ軍の砲火に囲まれている。とすると、どういうことになるのか？「死は鴻毛《こうもう》より軽し」とか「生きて虜囚《りょしゅう》の辱めを受くることなかれ」とかいった訓《おしえ》をたたきこまれていたから自決したのだ、などといった、単純な解釈ですむことじゃないのですね。どうしようもないのですよ。

だいいち、あのように追いつめられてしまうと、降伏するってこと自体、ほとんど不可能なのですね。白旗を掲げて出て行こうとすれば、味方であるはずの日本軍から撃たれるでしょう。しかし、それだけじゃないのです。アメリカ軍から撃たれるかもしれないのです。

なぜなら、アメリカ軍の兵隊たちにとって、ジャップっていうやつは、まったく得体の知れない、おぞましい存在であったからです。人間であるとはとうていおもえなかった。なぜなら、彼らの常識をかたっぱしから裏切ってくれたからです。

たとえば、死体のごろごろしている戦場のあとかたづけをしているとき、どんなに重症であっても、まだ息のある者は収容して、野戦病院へ送る。これが彼らの常識だったのですが、その息も絶え絶えの日本兵がいきなり撃ってくる。そういった銃弾で殺されたアメリカ兵は、ガダルカナルでも、ニューギニアでも、すくなくなかった。「いいジャップとは、死んだジャップだけだ」と言われたのも、理由のないことではなかったのです。

ですから、アメリカ兵たちは、つねに、徹底的に前方を掃討しないかぎり、前進しなかった。どんなに小さな窪みにも手榴弾をたたきこみ、どんなに見晴らしのいい草原をも、火炎放射器で焼きつくし、ちらとでも動く気配を感じたら、そのあたり一帯に集中砲火を浴びせかけたのですね。

サイパン島の北端で、いま、眼にしているジャップの群れに対しても、ですから、アメリカ兵たちは、やつらがほんとうに抵抗を放棄したのだと確認できないかぎり、銃口を向けつづけなければならなかった。それに、じっさい、だれが戦闘員でだれが非戦闘員なのか、判別のしようがない。このごちゃまぜの群れのなかから、だれかが、いきなり決死の自爆攻撃をしかけてこないともかぎらなかった。こういう状況のもとで、サイパン島在住の日本人たちは、島の北端に追いつめられてしまったのでした。

ですから、問題は、だれが、どのようにして、この彼らをここまで追いつめたのかであって、追いつめられた彼らが、なぜ自殺したのかではないのです。このところについて、かつて、『餓島一九八四↑↓一九四二』のなかで、わたしはつぎのように書いています。


「在留邦人」はやはり殺されたのだ、とぼくは思う。米軍に、というよりは、「大日本帝国」という名の国家に。この「国家」の上層部は、はじめ、サイパンという島の防衛に、まったく根拠のない自信をもっていて、その後まもなく、これまた根拠薄弱なままに、自信をうしない、あっさり、この島の「放棄」をきめた。そうしておいて、サイパン島で死力を尽くして「防衛」に当たっていた現場の将兵三万人には、まして、二万の「民間人」には、この決定をつたえなかった。だから、島にいたひとたちは、いつかやってくるはずの援軍を待ちながら、歯をくいしばって耐えていたのだという。

彼らは、自分で自分の生命を絶った。自分で絶つ「ことのできるほどにまで」成長していなかった幼い子供たちの生命は、あるいは、母親がしっかと胸に抱きしめて断崖から身を投げることによって、あるいは、車座になったひとたちのひとりが、まんなかに手榴弾をたたきつけることによって、大人たちが、自分の生命とともに絶ったのであろう。日本語で「自決」ないし「玉砕」と美しくひびくことばでこれを呼ぼうが、英語で、いささか散文的に「suicide」と名づけようと、ひとびとが自分で自分を殺したことにちがいはない。だからといって、かれらはころされたのではない、ということにはならないだろう。

日本人以外の死者への無関心

さて、ふたたび「中部太平洋慰霊の碑」に話をもどしますと、この場で「慰霊」をおこなったひとびとの念頭にあったのは、日本人だけ、それも旧「大日本帝国軍隊」将兵だけでした。その他のひとたちは、まったく視野に入っていません。沖縄人も、朝鮮人も、原住民も、です。そういった無関心ぶりをもののみごとにあらわしているエピソードがあったのですね、このとき。

慰霊祭は、午前と午後とに分かれておこなわれました。わたしは午前の部に参加したのでしたが、このとき、慰霊祭の熱心な推進者であった一人の老人が、慰霊碑のそばにいたチャモロの青年に、しきりに話しかけているのを眼にしました。聞くともなしに聞いていると、老人は、ここで、午後、もう一度慰霊祭をやるから、ここに置いてある卒塔婆や御供物が紛失しないよう、ちゃんと見張っていてほしいと言っているのでした。日本語で。

島民のなかでも、六〇歳を越しているひとびとであれば、日本語を、まだすこしはおぼえているのかもしれません。しかし、この青年は、あきらかに戦後生れなのですからね、日本語なんてわかりっこないんですね。なのに、日本語がわかるのはあたりまえだといった態度で、日本語で話しかけている。しかも、「土人」であれば見張りをするのは当然だ、といった態度で、です。

わたしは、そこに、英語で介入しました。チャモロ語は話せなかったから。そうしたら、この青年、わたしなんかよりはるかに流暢なアメリカ語で、まくしたてた。要するに、あっさり見張りを引き受けてくれたのですね。なんのことはない、この青年は、その公園の番人だったのですよ。

あとで振り返ってみました。御老人は、当然のことのように日本語で話しかけ、当然のことのように張り番をせよと命じた。わたしは、多少の留保はあったけれど、とにかく、この老人の「依頼」を通訳した。それだけのことのように見えるけれども、はたしてそうだったのかな？　そのとき、この御老人とわたしという二人の日本人と、チャモロ人であるこの青年とのあいだにあった関係とは、いったい、なんだったのだろうか？　そこでは、じつは、なんの関係もうまれてなかったのではないのか？　この青年には、その後会いませんでしたが、けれど、似たような体験を、わたしはガダルカナル島でもしているのです。

骨を売りに来た少年がいたのですね。わたしたちが「遺骨収集」にきたのだとにらんで。「ボン」「ボン」って言いながら。はじめ、わたしは、空襲の話でもしているのかとおもいました。「ボン」とは「ボーンブ」つまり「ボーンビング」のことかとと思ったのですね。まさか「骨」のことを言っているのだとはおもわなかった。

日本人があの島でなにをやってきたのか？　そのことを、いま、そこにくらしているひとたちが、どんなふうに考えているのか、ということを、あらためて考えさせられたものでした。このエピソードも、現地のひとたちにとって、そこに来た日本人の思いなど、なんの関係もないことなのだっていうことを、示しているとおもいます。

一九八四年段階での慰霊祭のありようは、こんなふうに、まず、対象は自国の軍人だけであったこと（軍属は、もうしわけのように入っていましたが）、軍人以外の一般住民の死者は、たとえ日本人であっても、慰霊の対象とはなっていないこと、といったところが、特徴的でした。例外的に、朝鮮人と台湾人とがはいっているばあいもあるのですが、それは、あくまで「大日本帝国臣民」という資格において、でありました。

それから二〇年。慰霊のありかたにもいろいろと変化がおきているように見えます。むろん、このあいだに、慰霊という行為そのものについて、とりわけ、国家がそれをおこなうことにことについて、もう一度、根底から考えなおさなければなるまい、といった声が、かなり強く出てきたのではないか？　そう、わたしはおもうんです。

まず、軍人軍属のみを対象とするのはおかしい、という声が出てきました。その結果、軍人軍属であれ、一般住民であれ、日本人であろうがなかろうが、あの戦争のなかで犠牲になったひとたちには、わけへだてなく、追悼の念を表すのが当然だ、という風潮になってきています。それが、沖縄で「平和の礎《いしじ》」がつくられるもとにもなっています。こうして、敵と味方で区別することもなくなってきた。と同時に、一方では、加害者と被害書とをひとしなみにおなじ場で弔うのはゆるしがたい、といった声もあがるようになりました。

こういった空気を醸成するのに大きな影響をおよぼしているのは、もちろん、わたしたち自身のなかで「加害者責任」という問題が考えられるようになってきた、ということもありますが、なんといっても、アジアの民衆からつきつけられた批判の鋭さ、ではなかったでしょうか。あなたがたは、戦後半世紀以上も、いったい、なにをやってきたのか、あの戦争に対して、あの戦争のなかで、自分たちが犯した数々の犯罪的行為に対して、いったい、どのように向きあってきたのか、という、それは、批判・糾弾でした。

明仁天皇のパフォーマンス

さて、こういった状況の変化を背景に、こんかいの「明仁天皇サイパン慰霊の旅」のことを考えてみようとおもいます。

今回、わたしの注目を惹いたのは、明仁天皇と美智子皇后とが、日本国政府の公的施設である「中部太平洋戦没者の碑」での慰霊祭に出席しただけでなく、アメリカ軍の戦没者の名が刻んである記念碑や、「沖縄の塔」、「太平洋韓国人追悼記念塔」、先住民犠牲者の名を刻んだ記念碑などを、まんべんなくおとずれたということ、そしてまた、それぞれの場所で、それぞれの生き残りのひとたちと「歓談している」、ということです。とりわけ、チャモロ人の敬老会館を訪れて、いまや七〇代、八〇代に達しているチャモロ人たちと歓談しているという記事が印象的でした。

この慰霊の旅を終えたのち、明仁天皇は、宮内庁の幹部に対して「慰霊の一連の行事がつつがなく終ってほんとうによかった」と言ったそうです。これはホンネだろうとおもいます。すくなくとも、彼個人としては、今回は、やりたかったことをやることができたという満足感を持ったにちがいありません。沖縄に行ったときのように火炎瓶を投げられることもなかったし、島の高齢者との交流もできたし、韓国人の追念平和塔を訪れるというパフォーマンスもできたし。やっぱり、このひとも、サイパン島については思い入れがあったのだろうなあ、とわたしは感じましたね。

この明仁天皇夫妻の目配りってやつが、やはり、かなりの感銘をあちこちにあたえたようで、韓国の新聞でもひじょうに高く評価されていましたね。靖国参拝にこだわる小泉氏なんかより、よっぽどいいのではないか、といった評価をも、わたしは目にしています。

にもかかわらず、ではなくて、だからこそ、明仁・美智子夫妻の実行した今回のサイパン「慰霊」の旅が、わたしたちのこの日本国の、このいまの状況のもとで、客観的にどういう意味を持つのかを、わたしたちは、きちっとおさえておく必要があるのではないでしょうか？

明仁天皇は、こんかい、従来型の「正統的」慰霊祭に出席して、参加者たちを鼓舞しました。そのことを批判するのはあたりまえでしょう。けれども、問題は、むしろ、そのこと以外のところにあったのではないでしょうか？　明仁さんは、いかにも、いまのこの状況に即応するかのようなかたちで、「太平洋韓国人記念塔」を訪れたり、チャモロの老人たちと歓談したり、といった一連のパフォーマンスをおこない、まさにそのことによって、これまで打ち棄てられてきた存在であったこうしたひとびとを、もののみごとに感動させもしました。

まさに、そういった行為そのもののなかに、明仁天皇の主観的意図がどうであったかにかかわらず、この日本国のこのいまの状況のなかに生きているわたしたちにとって、ゆるすわけにいかない政治的意味が、いや、道義的意味も、客観的に潜んでいるのだ、とわたしは考えます。どういった意味か？

なによりも、この明仁天皇夫妻は、ほかならぬこのサイパン島において、このようなかたちでの「慰霊の旅」をおこなうことによって、つけてはならない決着をつけてしまったことになるのです。彼個人としては、長年の心の負債をこのようなかたちで返済しえたことになるのでしょう。ながいあいだこころにかかっていたことを、こういうかたちで実行できて、ホッとしているのかもしれませんが、しかし、まさにそのことによって、わたしたちのこのいまの日本国とそれを支えているわたしたち「国民」が、ほんとうに決着をつけなければならない「戦後責任」の、すくなくともその一端を、その「国民」の統合の象徴をもって任ずるこの天皇が、このようなかたちで、いささか拙速に、アイマイウヤムヤにしてしまったのです。

そればかりか、明仁天皇のこうした行為は、このようにして、戦後責任の、すくなくともその一部に、このようなかたちで決着がついたのだと、「国民」におもいこませることによって、あらたな戦争国家への道をいまやなりふりかまわず驀進《ばくしん》しようとしている、わたしたちのこの日本国の為政者たちを、あとおししてしまっているのではないか？　そのことに対する責任を、この明仁天皇が背負わなければならないこともまた、あきらかではないでしょうか？

そもそも、このような死者たちを、その死を、理解しようとすることは、理解しうるものであると考えて、その死に、意味をあたえようとすることは、そうすることそれ自体、生者たちの恣意以外のなにものでもないでしょう。だからこそ、そのような生者たちの不遜を根底的に拒否して、アウシュヴィッツからの生還者エリ・ヴィーゼルは、こう言ったのです。

彼らを、いつまでも、彼らのいるべきままのすがたで、いるべきところに残しておいていただきたい。すなわち、あなたがたの存在の奥底に疼く、類《たぐ》うべくもない傷として。

国家による死者の顕彰

最近、わたしのわかい友人である高橋哲哉さんが『靖国問題』というタイトルの本を世に問いました。彼自身が、丹念に事実を調べ、いろいろと考えぬいて、適切でわかりやすい表現をもちいて書いた本です。きょうのこの議論にかかわりのあるところをとりあげますと、靖国信仰というのは、深いところで日本人の生と死そのものの意味を吸収しつくす機能をもっていた、と彼は指摘しているのです。どういうことか？

御国のために死ぬとか、テンノウヘイカのために死ぬ、あるいは、夫や息子を「国」に捧げる、ということを、それはそれはすばらしい聖なる行為であるのだと信じさせることによって、当時の日本人に、生と死に対する最終的な意味づけを提供したのだ、というわけです。

たとえば、ここに、愛する一人息子を戦場で殺された母親がいるとしましょう。その母の悲しみは、なにによっても埋めることはできません。他のだれでもない、まさにこの我が子が、なぜ、あの戦場で死なねればならなかったのかと、母親は、嘆き悲しむ、と同時に、息子が死んだ理由を知りたいとおもうでしょう。

ところが、この理由を求めるという行為は、もともとその兵隊を戦場で死なせた原因をつくった国家の側からすれば、まことにぐあいのわるいことなのですね。ですから、国家は、この母に対して、息子は戦死しなければならなかったのだという現実を納得させうるような意味づけをつくりだして、あたえなければなりません。そういった意味づけがあたえられれば、この母も、ただひたすら悲しい、むなしい、割り切れないという感情から多少は立ちなおることができるだろう、というわけなのですね。

このようにして差しだされる意味というのは、たとえば、もうどうしようもない子でしかなかったのに、その子をさいわい陛下がつかってくださった、そういう子に育てることのできた母親は、したがって、靖国の母、誉れの母である、といったたぐいのものです。当時のひとびとにとっては、「大日本帝国」という名の国家の絶対者は天皇であり、その天皇が意味をつけてくれたわけですから、それは、ひじょうに強いものであったわけですね。

国家は、なぜ、そういった意味づけを提供しなければならないのか？　そういう兵隊を、もう一度、戦場に送りださなければならないからです。そのためには、戦死の不幸が幸福に、悲劇が栄光に変りうるような、そういうふうに認識を転換させうるような装置をつくらなければいけない。靖国の本質とはこういうものである、と、高橋さんは指摘しているのです。

顕彰する、ということが、このカラクリの核心なのですね。死んだひとを悼むということと、死んだひとを顕彰するということとは、ほんらい、まったく方向のちがう二つのことなのです。死んだひとを悼むというのは、それぞれの個人が、そのひとにとってかけがえのないひとを喪ったときに、その喪失感に耐えられずに嘆き悲しむというところからはじまる、きわめて私的な人間的行為です。しかし、死んだひとを顕彰するってことは、がんらい、これとは心の向きが正反対の行為なのですから、そのひとを喪った悲哀が、それによって償われるはずはないのです。それを、償ってあまりあるように錯覚させるというところに、国家による慰霊の詐術《さじゅつ》がある。その詐術の典型が靖国神社である、というわけです。

そこで、高橋さんは、戦死者を顕彰せずにはいられない国家の祭礼に対抗するには、悲しいときに悲しいと言わない、悲しさや、空しさ、割り切れなさを埋めるために国家があてる物語や意味づけをけっして受け入れないことである、と推奨しているのですが、やっぱり、わたしには、すこし楽観的にすぎるようにおもえるのですね。なぜかというと、死者を顕彰することからまったく断絶しているような死者の悼みかたというのを、はたして、現実に、わたしたちがしているのだろうか、というおもいが、わたしにはあるからです。

世間一般の御葬式の場をおもいうかべてみればわかりますよね。この儀式に参加するひとびとは、けっして、死んだひとの悪口など言いません。通夜の席なんかでは、ちょっと、別ですがね。悪口を言わないどころか、故人が生前いかに世のためひとのためにつくしたかといったことを、口をきわめて褒め称えるでしょう。つまり、死者の生前の功績を称えて、死者を顕彰しようとする。

だれだって、身内の者が「犬死に」したとはおもいたくない。不幸にして死んでしまったからには、せめてその死が、なんらかのひとのために、なんらかの意味で、役に立っているのだというふうに思いたい。残された遺族のこういった心根に、国家は、みごとにつけいるのです。

プラトンの『メネクセノス』という本のなかに、追悼演説というもののありようが実にみごとに生き生きと書かれています。ソクラテスがメネクセノスに語りかけているところですね。

まったく、メネクセノス、戦争で死ぬということは、たいていのばあい、たぶん立派なことなのだろう。なぜって、貧乏なままで死んでも、立派で盛大な葬式をやってもらえるし、身分が低いままで死んでも、学識ある人々が長い時間をかけてひねりあげた賛辞を捧げてもらえることになるからだ。この人々はじつに巧みにほめそやすのだ。ひとりひとりについて当たっていようがいまいが、じつに美しいことばのあやをつけてわれわれの魂を魅了し、あらゆる方法で国家を称賛し、戦死者をも、われわれの祖先をも、いや、現に生きているわれわれまでをもほめそやすのだ。だからね、メネクセノス、わたしは、彼らにほめられるとじつに気高い気持になる。いつだって、魅せられたままじっと聞き惚れて、急に、自分がいっそう偉大で、気高くて、立派になったように思えてくるのだ。また、よくあることだが、外国人がわたしのあとについてきていっしょに聞いていたりすると、わたしは、彼らにたいしても急にえらくなったような気になる。彼らのほうでも、このわたしを、この国を、大したものだと感じるらしい。演説者に説得されて、この国はこれまで思っていたよりずっとすばらしい国だと思うのだろう。で、わたしのこの得意な気持ちは三日以上も続くのだ。演説者の言葉と声は鋭くて耳の奥までとどくから、わたしが、それまでは、まるで幸福の島にひとりでいるみたいな気がしているのだ。演説者たちはこれほどうまいのだよ。

国家による追悼ということの本質を、これほどみごとに抉《えぐ》り出した文章はないと思うのですね。なのに、このソクラテスの語りかけの根底にはイロニーが潜んでいるのだったことにさえ、気づかないひとたちが現にいるのですね。

このような追悼演説を嫌悪するのか、しないのか、あるいは、嫌悪しないまでも、たとえ、かすかにであろうと、そこに違和を感じるのか、感じないのか、そのような感覚が、わたしたちの身についているのか、いないのか、言いかえれば、こういった追悼演説についホロリとしたり、いい気分になったりするという感覚が、わたしたちの全身に浸潤しているのか、いないのか、そこが問題なのだと、わたしは思います。

わたしはどのようにして死者を悼むのか？

最後にひとことだけ。このわたしにとって、死者とは、どのような存在なのか？

今年（二〇〇五年）の二月、わたしにとっては、だれよりも、なによりも、たいせつな存在であったひと、わたしの生涯の導き手であったひとを、わたしは、喪《うしな》ってしまいました。わたしは、その彼女が「この世を去った」とは言いますが、それ以外のことは言いません。そんなことはどうでもいいからです。確実なのは、彼女の身体が消滅して、わたしの机の右脇に置いてある直径九センチ、高さ一二センチの小さな壺に収められた骨のかけらになってしまった、ということです。

人生最後の二五年間を、白井愛という名によって書かれたエクリチュールに捧げたこのひとは、いま、このわたしの記憶のなかに生きつづけています。抽象的にではなく、具体的に。というのも、すくなくともいま、わたしは、ほかならぬこの白井愛が最後まで書きつづけていた、ですから、いまでは遺作としか言いようがなくなってしまった作品を、本にして、世に送りだそうと、そのことにまつわるあらゆる具体的な仕事に、具体的にとりくんでいるからです。校正をしたり、「あとがき」を書いたり、略年譜をつくったり、帯や表紙をどうしようかと「れんが書房新社」の鈴木さんとうちあわせをしたり、そういったもろもろの具体的な作業を通して、ほとんど毎日のように、白井愛との対話をくりかえしているのです。

もちろん、そう言ったところで、現実に、耳にきこえる音声として、答えがかえってくるわけではありません。それが返ってこないという事実そのものに、どうしようもない悲しみをおぼえてもいます。けれども、たとえ現実の音声として彼女の声を聴くことができないとしても、たしかに、わたしは彼女と対話している。彼女の意志を聴いて、それを実現しようと努めているのだ、ということは言えるのではないか。

この作品は『人体実験』という刺激的なタイトルで「れんが書房新社」から刊行されます。ここには、わたし自身に対する根底的批判も書き込まれています。しかし、この仕事が一段落したからといって、白井愛とのこの共同作業が終わるわけではありません。そののちにも、やらなければならないことが、具体的に、いくつかきまっているからです。とすれば、この白井愛をわたしが忘れることはできないでしょう。

白井愛との約束をまもって、わたしは、告別式などのセレモニーは、いっさい、しませんでした。墓もつくっていません。この日本国の規則で、遺体を焼かないわけにはいかなかったから、火葬場までは送りとどけました。しかし、遺骨は、さきほどのべたように、ほんのひとひらひきとっただけで、あとは処分してもらいました。これも約束どうりです。

喪に服することはしません。喪は、明けるものだからです。一定の期間をおいたら、そこでけじめがついてしまう。そうしたけじめをつけるつもりは、わたしには、毛頭ありません。永遠に、わたしにとってたいせつなこのひとの死を、わたしのやりかたで、追悼しつづけるつもりです。

そのことだけじゃなく、いろいろ、わたしは、わたし以外にはできないだろうとおもわれる追悼のしかたをしています。そういった悼みかたは、なにも、わたしだけじゃなく、だれもが、心のなかにもっているのではないかと、おもうのです。ところが、現実には、ごくごく一部少数の事例をのぞいては、自分でなければ絶対にできないとおもっているような、そういう悼みかたをするってことは、ほとんど不可能なのですね。

いいえ、それ以前に、自分だけの、自分独自の悼みかたなど、そもそも、持っているひとがいるのでしょうか？ 自分なりの悼みかただとおもっている、そのやりかたの大半が、ごくごく自然に、世間のしきたりに合致しているのかもしれません。

むろん、そういったことを非難するつもりなど、わたしには、まったくありません。ただ、ひとことだけ言っておきたい。世間のしきたりに抵触しないような儀式のありようそのもののうちに、ひょっとすると、死者への追悼という行為それ自体を、国家権力にくすねとられてしまいかねない、そういった原因が潜んでいるのではないか、ということだけです。

（二〇〇五年七月三日、文京シビックセンターでの講演録を改稿）

第一〇章　明仁さんのパフォーマンスは、なにを意味していたのでしょう？

——天皇のパラオ「慰霊」の旅について

第一〇章　明仁さんのパフォーマンスは、なにを意味していたのでしょう？

――天皇のパラオ「慰霊」の旅について

ごくふつうの順序ではなすことにします。まず、パラオとは、ペリリュー島とはどういうところか、そこでの戦闘とはどういうものであったのか？

パラオは日本の「領土」だった？

パラオは日本の「領土」だったのだ、だから、ペリリュー島での戦闘は自衛のための戦いだったのだ、と言うひとたちがいます。そうでしょうか？

たしかに「南洋庁」といった「北海道庁」とおなじ名前の役所があり、学校ではこどもたちが日本語で教育を受けていたのですから、そうおもうのもむりはない。しかし、正確に言うと、パラオ諸島は「大日本帝国」の「領土」ではなく「委任統治領」でした。

ながいあいだパラオがどこにあるのかさえ知らなかった「国民」に対して、足下に火がついたようにいっせいに口をひらきだしたマスコミが、こぞってまきちらしている事実は、ほとんど、不正確というより、過去の現実を犯罪的なほどにゆがめています。

なによりも、「委任統治」とはなにかを、おさえていない。そこをすどおりして、あたかも、あそこは日本の「領土」であったかのごとく、そこで日本がパラオのひとびとをどんなに幸福にしたか、パラオのひとびとが、どんなに、日本に、いまでも、感謝しているか、それだけを、しゃべりたてています。明仁天皇までそんなふうにおもっているということが、パラオでの晩餐会における挨拶のなかからうかがわれます。

では、じっさいはどうであったのか？

この委任統治という制度は、一種の詐術《さじゅつ》なのですね。なぜ、そう言えるのか？　第一次大戦でドイツに勝利したイギリス、フランスなどの諸国家は、秘密協定を結んで、戦後はドイツの植民地を分けどりすることにきめていました。しかし、そこにアメリカのウイルソン大統領が、敗戦国の植民地を戦勝国で再配分するという慣行はもうやめようじゃないかという正論をひっさげて介入したのでした。そこで、まあ、ホンネでは、アメリカに不利にならないようにというところだった、とも言われていますが、「委任統治」という制度がひねりだされたのでした。

たしかに、おもてむきは、戦勝国が敗戦国の旧植民地を自国の植民地として搾取することをふせぎ、住民の福祉を推進し、きたるべき自治・独立への支援をおこなうことをめざす、といったふうにうたわれている制度ですが、実質的には、従来の植民地支配となんら異なるところがなく、たんなる名称の変更にすぎなかった。じっさい、委任統治の受任国となったのは、大戦中に該当する植民地を占領した国家でした。詐術というゆえんです。

「大日本帝国」は、第一次大戦において、まさに、漁夫の利をねらって参戦し、国際連盟から、ドイツの植民地であった島々の委任統治を委ねられて受任国となった。まさに漁夫の利を得たってわけです。その後「大日本帝国」は国際連盟を脱退します。そこで、委任統治領に軍事施設をつくってはいけないという国際連盟の制約はもう受けないぞとばかり、おおっぴらに海軍の基地を建設しました。これが、ペリリュー島にアメリカ軍が攻めてくる原因となったのです。

ペリリュー島での戦闘

1．守備隊は敢闘した

ペリリュー島戦での戦闘は、あの大戦のなかではめずらしく、「まともな」戦闘でした。文字どおりの激戦だったのです。

一九四四年の九月、アメリカ軍がこの島におしよせてきたとき、兵力においても装備や火力においても日本軍守備隊は桁違いに劣っていました。戦力を単純に比較すると、日本軍守備隊がほぼ一万人なのに対して、アメリカ軍は五万近くですから、一対五ということになります。なのに、日本軍には支援する海軍の艦船も航空機ももはやなくなっていた。これに対し、アメリカ軍のほうには、空母二八、戦艦一五、巡洋艦二〇、駆逐艦七七、航空機一一七〇を擁する大規模な支援艦隊がいて、連日のように熾烈《しれつ》な空爆撃と艦砲射撃をあびせかけ、鬱蒼《うっそう》たる密林に覆われていたこの島をまるはだかにしてしまった、というのですから、おそらく、日本軍の数百倍もの火力であったにちがいありません。

にもかかわらず、このように優勢な相手を凌駕するほどの戦闘技量とたくみな戦術を駆使して、具体的に言うと、適切に配置された洞窟陣地から、正確な、つまり、命中率の高い砲撃と、腕によりをかけた正確な狙撃とで、米軍をなやませ、武器弾薬も食料もつきたそのときまで、徹底抗戦をつづけたのです。ペリリュー島にはいたるところに洞窟がありました。これは米軍の熾烈な空爆と艦砲射撃をもしのげたほど堅固な洞窟でしたから、守備隊は、これらの洞窟を連結した陣地を適切に配置して、ゲリラ戦をつづけたのでした。

アメリカ第一海兵師団長は、こんな島は二日か三日で占領できると豪語したそうです。サイパンやグアムで、バンザイトツゲキとともに泡と消えた日本軍をまのあたりにしていたので、なめてかかっていたのでしょう。サイパンもグアムもほぼ三週間前後で占領しています。ところが、このペリリュー島では、適切に配置されていた洞窟陣地からの砲撃や狙撃になやまされ、多数の死傷者を出し、つまるところ、日本軍が「玉砕」するまでに、七三日、つまりほぼ二ヵ月半もの歳月をついやしてしまったのでした。

この「異例の奮闘ぶり」に日本軍首脳はいたく満足したらしく、中川大佐率いる守備隊には三度も「感状」(「よくぞ戦ってくれた」と上級司令部から認められたしるしの公式文書)があたえられていますし、裕仁天皇からは一二回も「御嘉賞《ごかしょう》のおことば」をたまわっています。しかし、そんなことで、七〇日間もペリリュー島の洞窟にこもって戦い死んでいった将兵のいったいなにがむくわれたというのでしょう。

この島は珊瑚礁からできていたので、海岸の砂をのぞいて、およそ土というものがない。鶴嘴《つるはし》(堅い地面を掘るための鉄製の道具)も歯が立たない堅い岩でできていますから、戦死者を埋葬することなどできません。それに、洞窟から一歩外に出れば、たちまち、アメリカ軍に発見され、集中砲火をあびせられるのですから、死体の収容などできっこない。戦死者の遺体は野ざらしにされ、熱帯の太陽のもとで腐敗していきました。

それに、小銃で撃たれて死ねば遺体はのこりますが、空爆なり艦砲射撃なりの砲弾に直撃されれば、木っ端みじんとなって飛び散ります。

戦闘の最後の段階で、アメリカ軍は、それこそ非人道的な攻撃法をとりました。つまり、占領し、整備し、拡大したペリリュー飛行場から飛びたったF４U戦闘機が、そのころはもう日本軍には高射砲はおろか対空機関砲もなかったのですから、日本軍の陣地の上空すれすれに、いくども旋回をくりかえして、ナパームガスを充填した容器を投下し、すぐそのあとに焼夷弾をおとして火をつけ、陣地一帯を焼きつくしました。

洞窟の入り口から火炎放射器で火炎を送りこみ、日本兵を焼きころそうとしました。しかし、日本兵は火炎の届かないところに避難していたので、あまり効果がないとわかると、こんどは、ドラム缶を大量にならべ、そこからホースで洞窟内にガソリンを注入し、それに火をつけて、焼きころしをはかった。これは、すこぶる「効果的」で、大勢の日本兵が犠牲になりました。

要するに、黒こげになり、灰になってしまって、遺体などとは言いえない死者たちが大勢いたってことです。こんなふうに死んでしまってから、いくら天皇陛下にほめていただいたとて、その死者たちにとって、いったい、なにになるというのでしょう。

2．犬死にだった

ここで、この戦闘に関してだれも言わないでいることを言っておきます。この島で死んだ一万人あまりの将兵は犬死にだった、ということです。こんなことを口にすると、自称愛国者たちは憤激することでしょう。自称愛国者でなくても、たいていのひとはいやがるでしょう。しかし、これらのひとびとの死は無駄であったのだと、あえて言うことから、その死を深く悼むことへの道がひらけるのであると、わたしは考えています。

なぜ、犬死にだったというのか？　戦略的に無意味な戦闘に投入されての死だったからです。ペリリュー島をアメリカ軍が攻略しようとした一九四四年の九月には、すでに、あの戦争における勝敗はきまっていました。制海権も制空権ももちえないなかでの島嶼防衛など不可能であることは、サイパンとグアムでの手ひどいまけいくさのあとでは、軍事常識さえあればわかっていたはずです。だからこそ、大本営は、「水際防衛」作戦をやめて、「徹底抗戦」「持久戦」と言えばひびきはいいでしょうが、要するに、全滅する時期をできるだけひきのばせと命じたのです。この意味で、ペリリュー島戦とは、まさに、硫黄島戦と沖縄戦とのさきがけであったのでした。

要するに、大本営では、守備隊が全滅することはわかっていた。いいかえれば、守備隊を見捨てることにきめていた。ただ、全滅する時期をできるだけひきのばせ、と命じているのです。なぜか？　米軍の日本本土への来襲を一日でもいいから遅らせるためです。後知恵のたぐいではあるけれど、せめて時の裕仁天皇にほんのすこしでもまっとうに状況を判断しうる能力があったなら、ペリリュー島での一万人あまりの将兵の死も、硫黄島での二万人あまりの死も、沖縄での一般住民をも含めての二〇万人の死も、東京大空襲での八万人以上の死も、広島では一二万人とも二〇万人とも、長崎では七万人とも一四万人ともいわれて正確な数字をつかむことさえむつかしいような大量の死をも、避けることができたはずです。

このあたりのことを、はたして、パラオへの「慰霊」の旅をしたいとねがった明仁天皇には、どこまでわかっていたのでしょうか? なにより、守備隊兵にこれだけの苦難をあじあわせる原因をつくりだした父裕仁について、どこまで、どのように知っているのか、どのように批判し、反省しえているのか?

「慰霊」とはどういうことなのか?

ここでおはなしすることをひきうけたあと、そういえば「慰霊」については、いくどかはなしたことがあるなとおもって、たしかめてみました。三度ほど記録が残っています。いずれも「反天連」の季刊雑誌『運動〈経験〉』に掲載されています。

いちばんはやい時期のものは「英霊の送られかた」ですが、これは集会ではなしたものではなく、書きおろしで、二〇〇四年四月発行の第一二号に掲載されています。

つぎは、二〇〇五年の七月三日におこなわれた「天皇のサイパン『慰霊』訪問反対! 死者を利用した戦争国家化を許すな! 七・三討論会」ではなしたもので、二〇〇五年一二月発行の第一六号にのっています。

三番目は二〇〇七年の「国家による『慰霊・追悼』に反対する八・一五集会」で、音楽評論家東琢磨さんといっしょにはなした内容を記録したもので、「『美しい国』の『美しい死者』はいらない」というタイトルで二〇〇七年一二月発行の第一二三号に掲載されています。

以上の内容を、「慰霊」とはどういうことかということでの主題に即して、まとめてみましょう。まず、戦死した将兵は、つねに、時の国家権力によって利用されてきたし、いまなお利用されていることを指摘しています。なんのために利用するのか？　国民精神を総動員するためです。なにに向けてか？　新たな戦争に向けて、です。

では、国家が死者を利用するには、死者をどのようにとりあつかえばいいのか？

1. 死者を顕彰する

死者を利用するには、死者を顕彰する必要があります。なぜか？　死者を利用する国家とは近代国家です。近代国家とは国民国家です。すくなくとも建前としては「民族国家」です。したがって、その国家の「防衛」は、その「国民＝民族」の聖なる義務ということになります。

となれば、とうぜん、祖国防衛の戦《いくさ》における死者たちに対して、国家は、祖国への愛と献身に感謝し、その勲功をたたえなければなりません。ですから、どんな国にも、たいてい「戦没者記念碑」とか「無名戦士の墓」といった施設があります。

戦争における死者の国家への献身に、国家が感謝し、その勲功をたたえるという施設の中核が日本では靖国神社です。

戦死者を靖国神社にまつるという行為は、当時の日本人の生と死に関する意識を吸収しつくすものだったのですね。つまり、戦争で死んだむすこや夫は、お国のため、天皇陛下のためにいのちをささげたのだというふうに、その生と死に最終的な意味づけをあたえたのです。

なぜ死んだのだろう？ どこでどんなふうに死んだのだろう？ のこされた遺族は、自然な感情として、戦死した身内の死の理由を知りたがります。しかし、死の理由を求めるこの行為くらい、その兵を戦場で死なせる原因をつくった国家の立場からすれば、ぐあいのわるいことはありません。

ですから、国家は、遺族に対して、身内が戦死しなければならなかった現実を納得させるための意味をつくりだしてあたえなければなりません。国家がそういった意味づけを提供しなければならないのは、あらたに戦争をはじめるとき、「国民」をもういちど戦場に送りこまなければならないからです。そのためには戦死したという不幸が幸福へと、死の悲劇が栄光へと変りうるように、意識を転換させなければなりません。

2. 死者は美しい英雄でなければならない

栄光のなかの死者は、そして、つねに美しい。美しくなければならない。なぜか？ そうでなければ、死者をたたえることができないからです。しかし、現実には、死者は美しいとはかぎらない。いや、むしろ、みにくく、おぞましくさえある。

人間の死にかたは平和な時代にあってすら千差万別であって、ひとりとしておなじ死にかたをすることはありません。まして、戦場では、いつ、どこで、なにが、どのようにおこるのか、まったく予想もつかないのです。そんな状況のもとで、単一の「美しい死」など、もともと、ありえようはずがない。その、ひとりひとりの死者の、そのとき、そのところでの死にまつわるもろもろの具体的な人間的真実は、しかし、国家が死者をたたえるには邪魔でしかない。なぜなら、国家が必要とするのは具体的真実ではなく、抽象化された物語だからです。その物語のヒーローは、そして、顔も名もある具体的な人間ではなく、英雄という型にはまった美しく模範的な人物でなければならないのです。なぜなら、具体的存在としての人間は、かならず、国家が必要とする、「型にはまった美しい物語」の秩序をみだしてしまうものだからです。

国家が必要としているのは、死者のあとにつづくと期待されている次世代の「国民」のこころに、祖国に対する誇りと愛をやしない、祖国防衛の戦いに生命をささげようという「気概」をよびおこすことのできるような、美しく英雄的な死者のすがたなのです。

国家による「慰霊」とは、このように、死者の顕彰・英雄化・美化と密接不可分の関係にある。現実の死者たちは、このようにして、国家権力にくすねとられ利用されてきた。

3. 美しいことばは現実を隠蔽する

死者を美化するのにもちいられるのは美しいことばです。ところで、美しいことばには現実を隠蔽する機能があります。これは、わたしが身をもって深いところから感じていることですし、ひとりの表現者として、美しく書くな、正確に書け、と、つねに自分自身をいましめているところでもあります。

はじめてそこに気がついたのは、防衛省の防衛研修所が編集して朝雲出版社から出している「戦史叢書」を読んでいるときのことでした。この叢書は、全一〇二巻におよぶ膨大なもので、「公刊戦史」と呼ばれ、あたかも日本国の公式戦史であるかのようにおもわれているのですが、こんなものを国家による正史にすることなど、ぜったいにゆるしてはなるまいと、わたしは考えています。

しかし、たとえば、ガダルカナルにおいて、第二師団の兵たちがなぜ密林のなかで餓死させられていったのか、その理由をさぐるには、そもそも、軍の下級機関である現地の諸部隊からどのような報告が上級諸機関へあげられていたのか、その、ありていに言えば虚偽の報告にもとづいて、大本営という戦争指導の最上級機関が下級の諸機関にどういった非現実的で実行不可能な命令をくだしていたのか、それを知るためには、もってこいの資料ですので、わたしは、シリーズ「ある無能兵士の軌跡」を書くさいにつかっていました。

そこで気づいたことがあります。なにかつごうのわるいことがあって、しかしそこに触れないと話がすすまないというところにさしかかると、それまでは素っ気ないくらいただ事実を記述するだけであったのに、急に、叙述の調子が変ってきて、妙に美文調になってくるのですね。

きょうの主題である天皇「慰霊」の旅の場ペリリュー島に即した例もあげておきましょうか。つぎのような文章をどのように受けとられるでしょうか。

翌十八日、千明隊主力は、南島半島にあって獅子奮迅《ししふんじん》の活躍をし、敵に恐怖と戦慄を与えつづけた。関東軍で鍛え抜いた第三大隊精鋭は、とくに歩兵十五連隊の名誉にかけて決死奮戦するも、ついに衆寡敵《しゅうかてき》せず、そのときわずかに残る負傷者は南湾の断崖に立ち、はるかに北方を拝し、絶海の怒濤の中に身を投じて千明大隊長の後を追った。（中略）

熱血群馬健児！　千明大隊長以下将兵の最期の絶叫を伝えよう。

「われらここに祖国を遙かなる南海の孤島に英霊となり、祖国の繁栄と平和、同胞家族の幸福を見守る。願わくば我等のこの殉国の精神、永遠に銘感《めいかん》されん事を」

これは船坂弘『ペリリュー島玉砕戦』（光人社NF文庫、二〇一〇）からアトランダムにぬきだした文章です。船坂氏は、御自身ペリリュー島のすぐ南にあるアンガウル島での戦闘に参加した生き残りのひとりです。この文章に意図的な潤色《じゅんしょく》は、たぶん、ないでしょう。しかし、あの激戦当時の意識がそのましみついていて、無意識にこの文体になってしまった、というより、このような文体でしか書けないのではないかとおもいます。

それにしても、「将兵の最後の絶叫を伝えよう」以下の文章は、どこからどう見ても、あのペリリュー戦のなかで死んでいったひとたちの意識であるはずがない。戦後の、それもある種のひとびとに特有の意識でしかないでしょう。しかし、このひとのなかでは、それが、あの島で「玉砕」した勇士たちの

「英霊」の声となってしまっているのですね。

ここには、あとで触れる、天皇による「慰霊」の「おことば」のありようとも、いまの第二次安倍政権になってからありありと見えるようになってきた歴史修正主義の言説ともかさなりあう問題がひそんでいるのではないでしょうか？

4．死者へのおもいをくすねとられる

ところで、このようにして死者を悼むきもちが国家にからめとられていく、その国民の側にも、それをゆるしてしまう下地があるのではないでしょうか？　どういうことか？

ほんらい、死者を悼むということと死者を顕彰するということとは、まったく方向がちがう正反対の行為です。死者を悼むというのは、それぞれの個人が、身内やたいせつなひとをうしなったとき、その喪失感にたえられずになげきかなしむことです。しかし、死者を顕彰するというのは、もともと、死者を悼むこととは、こころのむきが反対のことですから、そのことによって、そのひとをうしなったかなしみがつぐなえるはずはありません。なのに、それをつぐなってあまりあるかのように錯覚させるというところに、国家による「慰霊」の詐術《さじゅつ》があるのですね。

そのように、ほんらいまったくわたくし的な死者へのおもいを、国家によってくすねとられてしまうのは、なぜか？

なによりも、死者を顕彰するということからまったく隔絶した悼みかたを、はたして、現実にわたし

たちはなしえているのでしょうか？　というおもいがわたしにはあります。世間一般の弔辞をおもいうかべてみてください。けっして、死んだひとのわるくちは言いませんよね。それどころか、個人が生前どれほど世のためひとのためにつくしたかを、口をきわめてほめそやすでしょう。つまり、死者の生前の功績をたたえて顕彰しようとします。まかりまちがっても、そのひとの死が無意味であった、などと言ってはなりません。だれだって、身内のひとの死が犬死にだった、などとは思いたくない。そういった心情に、国家はみごとにつけこむのです。

プラトンの『メネクセノス』のなかに、追悼演説というもののありようを、じつにいきいきと描いているところがあります。ソクラテスがメネクセノスに語りかけているところです。

戦争で死ぬということはたぶん立派なことなのだろう、と、ソクラテスは語りはじめます。なぜなら、貧乏なまま死んでも盛大な葬式をやってもらえるし、身分が低いまま死んでも学識あるひとが、長い時間かけてねりあげた賛辞をささげてもらえるからだ。ひとびとはじつにたくみにほめそやすのだ。あたっていようがいまいが、じつに美しいことばのあやをつけて、われわれのたましいを魅了し、あらゆる方法で国家を賞賛し、戦死者をも、われわれの祖先をも、いや、現にまだ生きているわれわれまでも、ほめそやすのだ。

ソクラテスのこの語りにはイロニーがひそんでいます。しかし、このような追悼演説にほろりとなってしまう感覚が、わたしたちのうちにひそんでいはしないでしょうか？

5. 死者の美化を、なぜ、ゆるしてはならないのか?

国家こそ、ひとびとを死に追いやった張本人です。にもかかわらず、その国家が、そのひとびとの死に、美しい意味をあたえる。それは、その死を、そのように意味づけることによって、またあらたな死者をつくりだそうとするからです。しかし、それだけではない。

さまざまにことなった死にかたをしたひとりひとりの具体的な人間としての死者を、ひとまとめにして、美しい死者にしてしまうということは、じつは、個々の具体的な死者の死にかたに、その死そのものに、責任をおわなければならないはずの具体的な人物の存在をアイマイにしてしまい、あるいは、その個人的責任を免除してしまうことになるからです。いいかえれば、いったい、だれが、どのようにして殺したのかを、アイマイウヤムヤにしてしまうからです。

一般的に言えば、むろん、兵を殺したのは戦争です。戦争という大状況が兵たちを殺しているのです。けれども、そのようにして、一挙に戦争という大状況に責任をもっていくというのは、じつは、死者たちひとりひとりの死に具体的に責任を負っているはずの特定の個人を、免責することにもなります。ある特定の個人の死には、かならず、特定の個人が具体的に責任をもっているはずです。

たとえば、ルソン島で、日本軍の兵隊が、だれもかれも飢えていた時期に、なんと、従卒《じゅうそつ》(将校の身の回りの世話をする兵隊)にウイスキーの瓶をかつがせて移動していた参謀がいました。従卒はその後餓死しています。この幹部将校は、この従卒の死に責任を負っているはずです。

福島第一原子力発電所の事故のばあいでもおなじことです。それぞれの段階でその場の責任をになっていたひとに、それぞれの重みで、責任があるはずです。まちがえないでいただきたいのですが、東電の社員であるというだけでひとしなみに非難されるといった風潮を是認しているのではありません。東電という会社に、その会社を運営していた社長以下の幹部たちに責任があることは明白です。事故をおこすまでの、また事故がおきてからのちの、すべての措置に、国家のそれぞれの機関が密接にかかわっていたのですから、とうぜん、それぞれの部署にいたひとには、それぞれに、個人的責任があるはずです。具体的に個人の責任を問うということは、その個人の属する組織の責任をウヤムヤにすることではけっしてありません。逆に、個人の責任を具体的に問うことによって、その個人が属している組織の責任をきわだたせることができるのです。

と同時に、この問いは、そのまま、それを投げかけるこのわたし自身にはねかえってくるのです。自分だけが安全なところにいて、やすんじて他人を批判しているわけにはいかなくなるからです。いわば、これは、責任追及という行為の原点でもあるでしょう。

ところが、この国の風土のなかでは、一度たりとも、ほんとうの意味で責任を負っている人物の責任が具体的に問われたことはなかったし、いまもない。戦争なり事故なりといったことを、なにか、得体の知れない大状況としてとらえ、しかもつねに想定外のできごとであるとして、そこでじっさいに生じたもろもろの悲劇が、いったい、だれによって、どのような理由あるいは原因によって、ひきおこされたのかを、いっさい不問に付してしまう。だれが、どのような、どれほどの責任を、そこでそのことに対して、負っているのかは、つねに、アイマイウヤムヤにされてしまう。これが典型的にあらわれるのが「慰霊」という行為においてなのではないでしょうか?

なにを隠蔽しているのか?

これまで、かつてわたし自身が書いたりはなしたりしたことをふまえて、国家による「慰霊」とはどういうものであるのかを、おはなししてきました。まず、国家が死者を「慰霊」するのは、死者を利用してあらたな戦争での死者を獲得するためである、ということを確認しました。利用するためには、死者をたたえなければならない。たたえるためには、死者は英雄でなければならない。死者の顕彰と英雄化とは、国家による「慰霊」と密接に関係していること。このことも確認しました。死者を顕彰するためには、現実のみじめでおぞましい死のありようをかくして、美しい物語をつくりださなければならないのだ、ということも指摘しました。

ところで、ここでわたしがはなしたことすべてをつらぬいている一本の糸が、隠蔽という行為ではないかとおもいます。すべてがこの隠蔽ということばに凝集します。べつな言いかたをすれば、これまでわたしが語ってきたことをひとまとめにして、ひとことで表現できるキーワード、それが隠蔽ということばであるとおもいます。すなわち、「慰霊」という行為に必然的に付随してくる行為が隠蔽なのであるとおもうのです。

では、いったい、なにを隠蔽しているのか? 簡潔に要約するとつぎのふたつです。

ひとつは、事実・現実を、です。もうひとつは、責任の所在とありようを、です。このふたつについて、これから考察していきたいとおもいます。

1. かんたんに決着などつけないでほしい

あとで具体的に触れるつもりですが、サイパン島での「慰霊」における明仁天皇のパフォーマンスは、わたしたちのこのいまの「日本国」とそれを支えているわたしたち「日本国民」が、ほんとうに決着をつけなければならない戦後責任の、すくなくともその一端を、アイマイウヤムヤにしてしまったのだ、とわたしは批判しています。べつな言いかたをすれば、これは、決着をつけてはならないことに決着をつけてしまった、ということです。

決着をつけるというのは、そのものやことをある状況において位置づけ、安心して、わすれることです。それも、ほんとうに、現実に、なにがどうであったかをアイマイウヤムヤにしたままで。これこそ隠蔽ということばによって表現される行為にほかならないでしょう。

少年時代にナチの強制収容所を体験したユダヤ人のエリ・ヴィーゼルが、アウシュビッツをはじめとするナチの絶滅収容所のガス室のなかで殺されていったひとたちについて、こんなことを言っています。「彼らをそっとしておいていただきたい。いつまでも、彼らのあるべきままの姿で、いるべきところに残しておいていただきたい」。わたしが胸をつかれたのはそのあとにつづくことばです。「あなたがたの存在に疼《うず》く、類《たぐ》うべくもない傷として、苦痛として」。

わからないことに、ひとは不安をおぼえます。だから、たとえどんなにおぞましいことであっても、それが事実であり、これこれこういう理由があってその事実は生じたのであるという合理的な説明があたえられると、ホッとします。安心して、そこで決着をつけることができて、わすれてしまえるからです。エリ・ヴィーセルが血を吐くおもいで抗議し、要請しているのは、そんなにかんたんに決着をつけないでほしいということです。いえ、理解などしてくれるな、と言っているのです。

いいかえれば、わからないこと、わかりえないことを、そのまま、こころに突きささったとげとして、ぬかないでおいてほしい、ということでしょう。わかったつもりになるってことは、ことの本質を隠蔽してしまうってことだからです。

日本国政府がとりおこなう「慰霊」祭とは、まさに、エリ・ヴィーゼルがしないでほしいとねがっていることをやっていることになります。隠蔽したままで、いま生きている者がかってにつくりだした意義づけを、死者たちに押しつけ、そうやって決着をつけてしまうからです。

2. 公の空間と公のことば

このように、ことの真実を隠蔽して決着をつける「慰霊」とは、どのような道具立てあるいは方法を必要するのでしょうか?

必要とされるのは、まず、公的な時間と空間です。そこでの公的な儀礼の行事です。具体的には、公的な祭祀としておこなわれなければいけない。そしてさいごに、公的言辞です。ひとことでまとめていえば、「慰霊」は公的に、つまりおおやけの行事としておこなわれなければならない。

その場で語られる「慰霊」のことばは、徹頭徹尾、おおやけのものでなければならない。「南太平洋慰霊の旅」の船上でおこなわれた「慰霊祭」で、肉親を亡くした遺族が語った「慰霊のことば」は、はじめからしまいまで、おおやけのことばとしか言いようのないものだった。このように、公的な「慰霊祭」の主催者でもない、ただの一般参加者のひとりである遺族のこころのうちにすら、おおやけのことばが浸透している。というより、そのほかに語ることばをもちえていないでいるという事実は、じゅうぶんに考えるにあたいすることであると、おもいます。

ことほどさように、こういった「慰霊」の場にあっては、完璧に、いかなるわたくし的なおもいもわたくし的な行為も排除されるのです。もうひとつ、必要とされることがある。儀式＝セレモニーです。その儀式にふさわしいモノとかたちです。モノとしては、すべからく象徴となりうるものすべてです。立派な祭壇、豪華な飾り、あるいは「慰霊碑」、あるいは伽藍《がらん》（寺院などの建物）ですね。かたちとしては、荘厳な儀式＝セレモニーですね。それにしても、ひとは、なぜ、セレモニーなしではやっていけないのか？　偶像崇拝を排除するひとたちでさえ、そびえたつゴシックの尖塔やロココの粋をこらした会堂や荘厳な音楽を排除することはできなかった。セレモニーの荘厳な雰囲気にいざなわれるひとびとは、たえなる楽の音にたましいをひたされる。そこにおいてなお自分自身でありつづけることはまことにむつかしい。セレモニーとはまさに麻薬なのではないでしょうか？

3. 明仁天皇のパフォーマンス

このところ、テレビでも新聞でも雑誌でも、明仁天皇の「慰霊の旅」に関しては、おまつりさわぎと言ってもいいようなヨイショぶりを示しています。

こういった天皇への賛辞を、いくども、いくども、見たり聞いたりさせられていると、ひょっとしたらこのわたしのほうがおかしいんじゃないか、とすら、おもえてくるほどです。

ほめたたえられているおもな点はみっつあります。

1. 天皇は戦没者の「慰霊」に、一貫してあついおもいをいだいている。こんかいのパラオ訪問は、サイパン訪問以来十年越しの悲願であった。

2. 敵も味方もわけへだてなく、また、それぞれの土地の住民にも充分な配慮を示しながら、あの戦争で犠牲になったすべてのひとを「慰霊」している。

3. 戦争のことを知らなくなっている国民に対して、「悲しい歴史があった」ことをわすれるなと、身をもって示している。

まず、「1」についてですが、天皇個人が「慰霊」に関してあついおもいをいだいていることそれ自体は、うそいつわりのないところであるとおもいます。問題は、そのおもいの内容です。それが、どこまで過去の現実に即しているか、です。

つぎに「2」の「わけへだてなく」についてです。問題は、ここでもまた、このようなきもちが、はたして、どこからどのようにしてうまれてきたのか、です。

これは、日本人のしかも軍人軍属だけを「慰霊」していて、そこになんのうたがいもいだいていなかった旧軍人たちの意識からは、彼なりに、一歩も二歩も踏みだしていることになります。

ただし、日本人の「慰霊」のしかたそのものが変ってきていることは事実です。つまり、日本人だけ、それも軍人軍属だけを対象としていた時代から、敵味方を問わず、戦闘員であろうが一般市民であろうが、どの民族のひとであろうが、あの戦争のなかで犠牲になったひとびとを、すべて、わけへだてなく「慰霊」するという方向への変化です。

こういった時代の流れのなかに、天皇もまたいる、というだけのことかもしれません。むろん、天皇は、このような状況に影響されてではなく、はじめからこういうきもちをいだいていたように、おもえなくもないのですが。

つぎに「3」について。たしかに、天皇は、いま安倍政権のもとで進められている戦争国家体制の構築には個人的に危機感をもっているようです。また、一般「国民」があの戦争のことを知らなさすぎることに対しても。問題は、その彼の「悲しい歴史」といったとらえかたにある。おなじことですが、その歴史をつくったのは、ほかでもない、自分の父親であることを、どれほど自覚しているのか、です。

さて、明仁天皇は、一〇年前のサイパン「慰霊」の旅において、いろいろと、異例のパフォーマンスをおこなっています。天皇は、とうぜんのことながら、まず、日本軍将兵の戦死者を対象に日本国政府が建立した公的施設である「中部太平洋戦没者の碑」における「慰霊」祭に出席しました。しかし、それだけにとどまらず、アメリカ軍の戦没者の名が刻んである記念碑や「おきなわの塔」や「太平洋韓国人追念平和塔」にも、それだけでなくサイパン島先住民の犠牲者の名を刻んだ記念碑などをも、まんべんなくおとずれたばかりか、それぞれの場所で、それぞれの生き残りのひとたちと「歓談」してもいるのです。とりわけ、チャモロ人の敬老会館をおとずれて、いまや七〇代になったチャモロ人たちと「歓談」しています。

このような天皇の目配りは、かなりの感動をあちこちにあたえたようで、韓国の新聞などでもひじょうに高く評価していました。にもかかわらず、ではなく、だからこそ、そのことが、このいま、このわたしたちにとって、どのような意味を客観的にもっているのかを、わたしたちは、とくと見きわめなければならないでしょう。

今回のペリリュー島訪問でも、天皇夫妻は、日本国厚生労働省の建立した「西太平洋戦没者の碑」だけでなく「米軍第八一歩兵師団慰霊モニュメント」にも花をたむけました。住民との「懇談」もおこなったもようです。

このような天皇夫妻の「慰霊」のやりかたが、では、わたしたちのこの日本国と日本国民の、このいまの状況のもとで、どのような意味を客観的にもっているのか?

韓国人やチャモロ人の死者を「慰霊」したり、チャモロ人の老人たちと「歓談」したりすることによって、また、パラオにくらすひとびとにこまやかな配慮を示すことによって、天皇は、これまでうちすてられてきたひとびとを、みごとに感動させもしました。まさにそういった行為そのもののなかに、明仁天皇の主観的意図がどうであったかにかかわらず、この日本国のこのいまの状況のなかに生きている、このわたしたちにとってゆるすわけにはいかない政治的道義的意味が、客観的にひそんでいるのではないでしょうか？　どういう意味でか？

つけてはならない決着をつけてしまったことになる。天皇個人は、ひょっとすると、長年の心の負債を、このようなかたちで返済しえて、ホッとしているかもしれないけれど、しかし、まさにそのことによって、わたしたちのこのいまの「日本国」と、それを支えているわたしたち「日本国民」が、ほんとうに決着をつけなければならない戦後責任の、すくなくともその一端を、その「国民」の統合の「象徴」であるとされている天皇が、このようなかたちでアイマイにしてしまったのです。つまり、隠蔽してはならないものを隠蔽してしまったのです。そのことに対する責任を、この天皇がせおわなければいけないことも、また、あきらかではないでしょうか？

その明仁個人には、みずからの行為が、隠蔽してはならないものを隠蔽しているのだといった意識は、たぶん、ないでしょう。それだけにいっそう深く、彼のこの行為は、彼が「慰霊」しているつもりの死者たちを傷つけているのだと、すくなくともわたしはおもうのです。

明仁天皇は、平和を愛し、戦争は二度とおこすまいとおもっているひとである、と見られています。

このひとの主観においてまぎれもなくそうであろうことは、わたしにもわかります。なにせ、わたしとおなじとしごろのひとですから、いくら安全なところに疎開していたといっても、戦争の惨禍をまったく知らないわけはないからです。ちょっとまえに指摘したように、この彼が、安倍政権が突き進もうとしている戦争国家への道に危険を感じていることも、まちがいないとおもいます。

それに、いつかわたしは皮肉をとばしたことがあるのですね、戦後民主主義はいまや死んでしまった。かろうじて息をしているのは、ヴァイニング夫人から民主主義を純粋培養された明仁天皇のうちでだけだ、と。

ただ、主観的に、彼がいくら民主主義者であり、平和主義者であったとしても、彼が現在の地位にとどまりつづけるかぎり、すなわち天皇という地位からおりてしまわないかぎり、彼は、ことばほんらいの意味における民主主義者・平和主義者ではありえない。それに、彼は、父である裕仁が、戦前・戦中・戦後をとおして、なにを、どのようにしてきたかについて、ひとことも批判を口にしていない。「わたしの立場では」もうしあげられませんと言ったことはある。弁解にすぎません、これは。「わたしの立場」を彼がどう考えているのかを白状したにひとしい。

それに、無意識であるだけにいっそう深く、そのものやことをおおいかくすはたらきをしてしまう行為がありうるのです。「客観的に」という表現を用いるのは、たとえ主観的にどれほどの善意で、あるいはこころからくやむきもちで、死者たちをなぐさめようとしたところで、その死者たちの死が、いったいどのような状況のもとで、どのようにもたらされたものなのか、すなわち、個々具体的な死者たちがその死のさいに直面していたのはどのような現実なのか、そのような状況を現実につくりだして死者たちをそこへ追いこんだのはだれなのか、したがって、その死の責任はだれがどのように負わなければならないのか、その責任をはたすにはどうすればいいのか、などなどといった無数の問いを封じこめてしまうようなかたちでなされるかぎり、ほんとうの意味で死者たちを「慰霊」することなどできるわけもないでしょう。

4. 明仁天皇はなにをどう語ったか？

今回のパラオ訪問に出発する前に、またパラオでの晩餐会で、明仁天皇がなにをどう語ったか、そのなかに、彼の意識がはっきりとあらわれています。

まず、出発前でのことばのなかからぬきだしておきます。

太平洋に浮かぶ美しい島々で、このような悲しい歴史があったことを、わたしどもは決して忘れてはならないと思います。

わたしが批判している美しいことばの典型です、これは。なるほどペリリュー島もあの戦闘のまえまでは「美しい島々」のひとつでした。しかし、米軍の空爆と艦砲射撃によって、この島の密林はあとかたもなく消滅し岩だけがむきだしになる無惨なすがたになっていたのです。「美しい島」などと言えた義理じゃなかった。

「悲しい歴史」という言いかたに関して、昭和史にかけてはこのひとをおいてはだれもいないとまで言われている有名なノンフィクション作家保阪正康氏は、「強いトーン。ともすれば戦後七十年がたち、追悼も形式化する中で、本心からの決意だ。ある意味で感動する」と語っています（『東京新聞』四・八）。

保阪氏にしてこんな程度なのですから一般の「国民」がころりと感動するのもむりはないかもしれません。しかしねえ、「悲しい歴史」なんてことばを、その歴史をつくった張本人の口から聞くのはそれこそ「悲しい」。ま、正確には張本人の息子から、ですが。

このような表現をなんら心理的抵抗もなしにすらすらと口にしうるというところに、じつは、ほかならぬ自分自身も、たとえ「やんごとなき」おかたの後継者＝皇太子としてであれ、体験したはずのあの戦争を、あたかも自然災害ででもあるかのようにしか感じとっていないひとびとの意識を、みごとに体現していることがわかります。まことにそのようなひとびとの象徴であるにふさわしい。

晩餐会での「おことば」のなかからはつぎの一節をぬいておきましょう。

しかしながら、先の戦争においては、貴国を含むこの地域において日米の熾烈な戦闘が行われ、多くの人命が失われました。日本軍は貴国民に安全な場所への疎開を勧めるなど、島民の安全に配慮したと言われておりますが、空襲や食糧難、疫病による犠牲者が生じたことは痛ましいことでした。

なんとそらぞらしい！　と、わたしは感じました。しかし、多くの「国民」は、そうはおもわないらしい。あきれたのは、日本軍がペリリュー島の住民を避難させたという「伝説」を天皇までが信じこんでいることです。この「伝説」は、いまではもはや「神話」の域に達していて、金科玉条のように、皇軍の仁慈をたたえるたびにもちだされています。

戦闘開始の前に島民をパラオ本島へ送りだしたことは事実ですが、それがほんとうに島民の安全を守るためであったかどうか、またパラオ本島がはたして「安全」なところと言えたかどうか、そこへの道中の安全がどこまで確保されていたのか、などなど、わからないことはどっさりあって、そういったことすべてをほうりだしたまま、この神話だけが定着してきたきらいがあります。

天皇も認めているように、パラオ本島への空爆は熾烈なものでした。ペリリュー島とのちがいは攻撃軍が上陸してきたか、こなかったか、というだけのことです。むろん、このちがいは、とてつもなく大きいのですが。

それにしても、「空襲や食糧難、疫病による犠牲者」が「生じた」だなどと、よくまあ、ひとごとのように言えたものです。こういった「災害」が自然に「生じた」わけがないでしょう。ただ「痛ましい」とだけ言ってすませるようなことではないでしょう。

なんどもくりかえして言うように、いえ、この先なんどもなんどもくりかえすつもりですが、美しいことばは現実を隠蔽します。明仁天皇のことばもまた美しすぎる。彼自身が主観的にどれほど真摯に、あの戦争のなかで犠牲になったひとびとすべてを悼《いた》もうとしているのであろうとも、事実として、彼の行動それ自体が、あの戦争の実像を隠蔽してしまっていること、それよりなにより、自然災害などではけっしてない、まぎれもなく裕仁という名をもった個人があの戦争をひきおこしたのであることへの、その個人的責任を隠蔽してしまっていること、これは否定しがたい事実であると、すくなくともわたしは考えています。

二〇一四年八月一五日にとりおこなわれた「戦没者追悼式」における天皇の「おことば」に関してもおなじことが言えます。この「おことば」は、じつは毎年おなじ文言で、ただ「終戦以来」何年という数字だけが変えられているのだとも聞いています。

徹頭徹尾、これはおおやけのことばです。個人的なおもいを、とうぜんありうる制約のなかで、最大限こめたつもりであろうと、好意的に解釈したとしても、ステレオタイプの公的言辞以外のなにものでもない。まさに「慰霊」祭用追悼文の、まあ、強いていえば、よくできているほうの典型です。

それにしても、なぜ「慰霊」なのか? そもそも、「慰霊」ということばに、そのことばによってあらわされる行為に、わたしは根底的な違和を感じているのですね。どういう違和か?

わたしのことばづかいに敏感なかたはとうにお気づきのことだとおもいますが、わたしは、わたしのかけがえのないひとが「この世を去った」とは言っても「神に召された」とも「あの世にいった」とも、けっして、言いません。あの世の「霊」の存在をみとめていないのですから、「霊」をなぐさめるという意味での「慰霊」という行為に違和感があるのはとうぜんでしょう。

わたしには、わたしのかけがえのないひとの死に対して、このわたしにしかできない、わたしだけの悼みかたがあって、そのやりかたによって、いまはこの世にいないそのひとと対話しているのです。

そのわたしからすると、疑問におもわれてならないのですね、なぜ、ひとびとは、よりあつまって、いっせいにおなじ行動をとらないといけないのか？　黙祷はわたしもします。しかし、「黙祷！」という号令のもとでいっせいにこうべをたれることには違和感があります。つまりつぎのようなことを、わたしは言いたいのです。

靖国の祭礼や戦没者慰霊祭といったものを批判する理由は、すくなくともこのわたしにとっては、国家権力がそれをとりおこなっているからということにかぎられるのではない。そのような儀礼が、たいせつなことを隠蔽しているからなのです。

ですから、おなじように、わたしは、権力に刃向かって殺された同志を追悼するそのしかたにも違和を感じてきました。「同志は倒れぬ」という歌と「海ゆかば」とはおなじではないかとさえおもっています。そのような場でも、ひとびとは、おなじ時刻に、いっせいに、黙祷をささげていました。

そのわたしは、では、死者とどういう関係をとりむすんでいるのか？　「しのぶ」というやまとことばがふさわしいでしょうね。現実にはここにいないそのひとを恋いしたう。

そのひとはわたしの記憶のなかに生きている。ですから、わたしの肉体が消滅してしまえば、そのひとについての記憶も、とうぜんのことながら、消滅する。わたしの愛したひとの死をわたしが悼むという行為は、徹頭徹尾、わたくし的な行為です。おおやけの、あるいは集団的な行為につながるところはいっさいありません。
わたしのこういった考えを、わたし以外のひとびとに押しつけるつもりは毛頭ありません。ただ、自分では、自分だけの独自のやりかたで亡くなったひとを追悼しているのだとおもっていても、そのやりかたのなかに、いつのまにか、世間一般でそうやっているようなやりかたがしのびこんでいるってこともあるのだってこと、そして、そのようなやりかたをしていれば、いつしか、公的な、ひいては国家的な追悼のやりかた、つまり「慰霊」という方式にくすねとられてしまうおそれはあるのではないか。そう指摘しているだけです。あとは、『歎異抄』の言いかたをまねて言えば、「面々の御はからひにてそうろう」。

（二〇一五年四月二九日、「敗戦七〇年：象徴天皇制を撃つ」、韓国ＹＭＣＡでの講演）

第一一章　わたしたちに資格がないからこそ

——なぜいま天皇の責任を追及するのか

第一一章　わたしたちに資格がないからこそ

——なぜいま天皇の責任を追及するのか

自分のことを書こう。わたし自身にかかわる問題を根にすえ、わたし自身に即して。といっても「わが内なる天皇」などを語ろうというのではない。こういう言いかたには、しょうじき、ウンザリした。わたしの「内」には、もう、天皇は棲《す》んでいない。

なぜ、みんな、自力で「わが内なる」天皇を追いはらおうとしないのか、できないのか。本気でそうしようとしないで、できないで、「わが内なる天皇」の重さなどを語るのは、つまるところ、天皇とのゴエンは永遠に切れませんと告白しているにすぎない。そのくせ、そのことを、わが身一つのこととしてではなく、なにか日本人というものの宿命でもあるかのように語るのは、傲慢もはなはだしい。はっきりもうしあげておくが、そんなことはまったく個人的な問題だ。したがって、わたしたちがそれぞれ個人的に解決すればいい。他人に押しつけられることでもなければ、他人に押しつけるべきことでもない。

わたしは、自分の内から天皇を追放した。その結果、気がついたときには、わたしが、〈みんな〉から追放されていた。そして、いま、この〈みんな〉は、そのわたしをもこの社会の最底辺に再統合しようとわたしに圧力をかけてくる。わたしは、統合されまいと、かろうじて、この力にあらがっている。

にもかかわらず、わたしの意識や行動にかかわりなく、わたしが日本人であることから、わたしはのがれられない。

侵略した側の記憶とされた側の記憶

映画「天井桟敷のひとびと」のラストシーンをおもいだす。バチスト（ジャン・ルイ・バロー）が、馬車に乗って去っていくギャランス（アルレッティ）を必死で追いかける。カーニバルの群衆がそれをさえぎる。群衆の波に呑みこまれ、もみくちゃにされて、バチストは前に進めない。「ギャランス！」と声をかぎりに叫びながら人波をかきわけるバチスト。遠ざかる距離……。

「禁じられた遊び」のさいご。引き裂かれた少年と少女。善良で賢明なおとなたちにつれさられる少女と、あとを追って走る少年の無力。

一九四五年九月、「大日本帝国」の支配権が崩壊したのちの旅順市のノミの市で、わたしの弟が不意に姿を消した。必死になってわたしは弟を捜した。そのとき弟は六歳、わたしは一二歳。わたしはまだ彼を愛していた。

愛する者から不意に引き離されることへのおそれ。おびえと言ってもいいその感情が、どうやら、わたしの意識の底に沈んでいるらしい。わたしはいまでもしばしば夢でうなされる。わたしは愛するひとに追いつけない。群衆がわたしたちを隔てる。わたしたちを引き裂く。「ギャランス！」と絶望的に叫んでいるバチスト——それはわたしだ！

戦争とは、わたしにとって、なによりもまず、引き裂かれることである。このわたしのなによりもたいせつな愛する者との絆を断ち切られることである。そして、引き裂かれ、断ち切られることの究極のありようが死だ。死は、絶対の愛によって結ばれているわたしたちをすら絶対に隔てる。

半世紀以上の歳月が去り、わたしたちのこの国では、記憶は、もはや引きつがれることもなく薄れてしまったが、あの戦争は、このわたしをもふくめこの国に生きていた無慮無数《むりょむすう》の愛しあう女と男の、親と子の、きょうだいの、ともにいきているその絆を、むざんに引き裂き、絶対的に断ち切ったのだ。その引き裂かれた生に殉じて戦後を生きてきたひとたちは、いや、戦後、幸福な第二の人生を歩みえたひとたちにあってすら、ひとたび引き裂かれたその事実は永遠に消えない。

だからこそ、わたしは、つぎのような光景をこのわたしの記憶として心に焼きつけずにはいられないのだ。

〈前略〉けれど、自分をかどわかした者たちに泣き乍《なが》らでも、必死となって走りづめに走ってついてくる童たちの心理はどんなものなのだろう。彼らの或る者は放火された我家の前でその母親の胸の中から文字どおりもぎとられて来たのだ。母親は言葉も通じぬ荒くれた若者たちによってからだを手荒くたのしまれるために手取り足取りどこかへつれ去られてゆく。その時母と子とを最後までつなぐものはその声と視線でしかない。しかしそれも釈迦が説いたほどのこの世の空しさでぷっつり切れてしまう。母と子とは一生逢うことはないのだ。

（富士正晴『駄馬横光号』）

これはわたしの記憶だと言ったら、わたしよりも年長で中国大陸の戦場にじっさいにいたひとたちに叱られるだろうか。じつはこれはわたしの独創ではない。わたしより一〇歳以上わかいはずの友人が言いだしたことの受け売りである。彼は「八月一五日の記憶」が自分にはあると言い張り、「ぼくは中国で、三光作戦をやっているんです」と本気で言いきるのだ。（坂口耕史「提案・人文科教育の目的と方法」）。そしてわたしは本気でこの彼に同意する。他の〈みんな〉はどうであれ、すくなくわたしはこの記憶を今後とも持ちつづけるだろう。

わたしにはまたこんな記憶もある。南太平洋の小島ガダルカナルの密林の湿った地面に横たわり、わたしは餓死しかけている。わたしの身体にびっしり蠅がたかる。追いはらう力はもうない。蠅は、わたしの口から鼻から出入りしつつわたしの身体が腐るのを待っている。沖縄の久米島で、夜半、わたしは父母きょうだいもろとも海浜に坐らされ、まわりを日本兵がとりかこむ。わたしは六歳の朝鮮人。末の妹はまだ赤ん坊だ。兵隊がわたしたちに手榴弾を投げる。死にきれずにもがくわたしを兵隊は銃剣で刺す。わたしはサイパン島の北端に追いつめられている。前は断崖と海。後は隙間のない火線（銃砲火）だ。わたしは三四歳の母親。わたしは二歳のむすこを胸に抱いて断崖から身を投げる。

わたしのなかで無数の記憶がひしめきあっている。引き裂き、引き裂かれ、犯し、犯され、殺し、殺された記憶、飢えた、傷ついた、行きだおれた記憶、火の海のなかを逃げまどった記憶、油の海を漂った記憶、髪の毛が抜け皮膚がぺろんと剥げた記憶……。これらの記憶が無数であるのは、その原因となったできごとが無数であるからだ。これら無数の記憶を、わたしたちのこの国は、あの戦争をやったことによって、わたしたちのうちに、わたしたちの国に攻めこまれたアジアのひとびとのうちに、つくりだした。

自分にはそんな記憶はない。それは父母や祖父母の世代の記憶であって自分には関係がない、というひとたちがこの国ではしだいに増えてきた。いまやほとんどみんなの声といってもいいほどだ。そればかりではない。あの時代を生きた当のひとびとのあいだですら、そうした記憶は消えさったか、もともとなかったか、「金持国ニッポン」が、いまや〈みんな〉を安心させ、居なおらせている。

このように、そうした記憶の原因をつくった側では、記憶は、日々に薄れ、風化し、受けつがれることもなく消滅していこうとしているが、その原因をつくられた側では、記憶は脈々と生きつづけ、受けつがれてきた。わたしたちがいまアジアの他の国のひとびとから突きつけられているのは、これらの記憶だ。これらの記憶によって喚起されるもろもろの事実だ。これほど明白な事実の数々をあなたがたは認めないのか、忘れてしまったのか、そうわたしたちはいま糾弾されている。責任を問われている。

あの一五年戦争が侵略戦争であったかなかったか、そんなことをいまさらのように論じたり、論ずるにあたいすると考えたりしているのは、日本人だけなのだ。すくなくとも韓国・朝鮮人にとって、台湾人や中国人にとって、アジアの他の国々や地域のひとびとにとって、一五年戦争は言うにおよばず、一九世紀の後半から今世紀の前半にかけてわたしたちのこの国がそこで行ってきたことの総体を、侵略と呼ぶ以外に、いったいどんな呼びかたがあるというのか。よその国まで、来るなというのに押しかけていって、そこで暮らしているひとびとを殺し、食糧を奪い、家を焼き、国を奪い母語を奪い、民族の尊厳を、人間の自由を踏みにじる、そうしたもろもろの行為の総体を侵略と呼ばずして、なんと呼ぶのか。そうした行為の数々をげんにやってきたのはわたしたちのこの国の国民ではなかったのか。そのことにたいしてわたしたちには責任がある。

わたしたちの兄や姉や父母や祖父母は、この侵略のために尊い生命を捧げたのだ。ほかならぬこの歴史こそ、わたしたちに遺された唯一の貴重な遺産なのだ。これを活用しなければ、わたしたちはふたたびすべてを失うだろう。活用するとはどういうことか。この過去に、無数の尊いかけがえのない生命を捧げて得られたこの民族的経験に、学ぶことだ。すくなくともこのわたしは、あの悲劇をくりかえすこと、わたし自身が〈殺し・殺される者〉となることは、絶対にイヤだ。

いま追及するとは、どういうことか

二度とくりかえさないためには、どうしてそうなったのかを究明しなければならない。わたしたちの過去のあやまちをあやまちとして認めなければならない。わたしたちの過去に責任をとらなければならない。

責任をとるとは、どういうことか。なによりもまず、事実を事実として認めることである。このわたしが原因で、あるいは、このわたしがなんらかの形でかかわったことの結果として、あるいは、このわたしはたとえ望まなかったとしてもそれを阻止することができなかったがゆえに起こってしまったことを、そのようなこととして、認めることである。それも、どのようにしてももはやつぐないえないこととして、たとえ事実を認めたところでもはやどうにもなるものではないこととして、認めることである。言いかえれば、それは、被害者の側からの糾弾に、まともに向きあい、こたえようとすることである。黙殺すること、否認すること、すべてをアイマイウヤムヤにすることとは正反対の態度だ。それにしても、なぜ、わたしはわざわざこんなことを言わなければならないのか。

読売新聞一月二六日夕刊の「論点89」が『世界』二月号所載の鼎談《ていだん》「なぜ現代史を見直すのか」におけるわたしの発言を、天皇の道義的責任を問うものの側に分類した。根拠は、天皇がどんな人間であったとしても免責することはできない、なぜなら「彼がもとであらゆることが始まり、終りをもち、といったふうにしくまれてきたのだから」とわたしがのべていることにある。じつはこのあとにつづけて、「しかもその終りは竜頭蛇尾のまま現在にいたっているという事実があるからです」とわたしはのべているので、引用するならそこまでしてほしかった。というのも、ほかならぬこれこそ、昭和天皇の、そしてわたしたち自身の、戦後責任にかかわるところであるからだ。

ともあれ、このようなわたしの言いかたが道義的責任の追及といったふうにくくられてしまうことのうちにこの問題を論ずる者にとっての罠がある。というのも、法的・政治的責任と厳密に区別された道義的責任などという枠組みのなかで論じているかぎり、たとえば右の「論点89」に紹介されている西部・佐藤両先生の御意見のようなポストモダン的カッコヨサの仮面を引きはぐことはできなかろう、とわたしは思うからだ。げんに佐藤先生は「道義的責任まで持ち出したら、戦争に反対した人も含めて当時生きてた人全てに責任がある」ことになってしまうではないか、と言われるし、西部先生によれば「あの戦争を支持した人は、そしてあの戦争を阻止できなかった人間は、天皇の道義的責任を追及できはしない」ことになる。

そのとおりだ、とわたしも考える。ただ、だから天皇の責任なんて追及したってはじまらないのではなく、だからこそわたしたちは天皇の責任を追及しなければならないのだ。その責任とは、そして、政治的とか法的とか道義的とかに分類して考察しなければ明確にならないものではなく（それらを追究することが無意味だとは言わないが）また、わたしたちにその責任を追及する資格がはじめからそなわっているのではけっしてない。わたしたちは、天皇の責任を追及しうる資格を、その追及の過程でみずから獲得していかねばならず、そのためにもその追及はなされねばならない。そういう関係に、この両者はたつ。なぜなら、わたしたちがいまだにその資格を欠いているということそれ自体が、じつは、わたしたちの戦後のもっとも根源的な問題であるからだ。

わたしたちはなぜこの資格を欠いているのか。わたしたちが、一九四五年八月一五日から今日にいたるまで、わたしたちにとって肝心かなめであったはずのことをアイマイウヤムヤにしてきているからだ。あの戦争のとき、わたしたちは大小さまざまな権力に誘導されあるは脅迫されて、心からにせよ心ならずもにせよ、〈殺し・殺される者〉になった。そして、この戦争が敗北に終ったとき、このわたしたちの責任をわたしたち自身の手でハッキリさせることができなかった。したがって、当然、わたしたちを〈殺し・殺される者〉たらしめた者たち――その頂点に天皇はいた――の責任をハッキリさせることもできなかった。

このわたしたちにとってもっとも肝心なことを、わたしたちは、アイマイウヤムヤにしたまま、孜々《しし》として働き、やがて、高度成長・一億総繁栄の幻想にからめとられて、わたしたちが〈殺し・殺される者〉たらしめられる存在であることを忘れてしまった。それのみか、わたしたちを〈殺し・殺される者〉たらしめる側の運命がそのまま〈殺し・殺される者〉たらしめられる側のわたしたちの運命と一体であるかのような、ほんらいはわたしたちを〈殺し・殺される者〉たらしめる側のものである論理によって、いまや、がんじがらめにされようとしている。

わたしたちのこのアイマイさにつけこんで、わたしたちを〈殺し・殺される者〉たらしめる側は、いま、彼らの思うなりに動く〈みんな〉を、この〈みんな〉によってがんじがらめにされた〈みんな〉を、あらたにつくりだそうとしている。

なぜなら、この〈みんな〉は、先行する世代が尊い生命を捧げ身をもって証《あか》してくれた過去の悲劇、この民族的経験に目をつぶり、アジアの国々からやってくる糾弾の声に耳をふさいで、「金持ニッポン」の一員であることに自足《じそく》しようとしているからだ。

ということをわたしたちが明晰に自覚し、そのようなわたしたちのありようをわたしたち自身の手で変革していかないかぎり、わたしたちは、いまのわたしたちのこのテイタラク――「卑しいものが勝ちほこり／いちばんましなものがいびりぬかれている（白井愛『悪魔のセレナーデ』）――から脱出することはできないし、わたしたちを〈殺し・殺される者〉にあらたに仕立てあげようとしている者たちの責任を追及する資格をえることもできないだろう。

　まことに、わたしたちが昭和天皇の責任を明らかにしえなかったこと、しえないままで今日にいたったことが、どれほどの頽廃をわたしたちの精神生活にもたらしているのか、その影響の大きさははかりしれない。それのみか、昭和天皇がついに責任をとらずにこの世を去ったことで、日本人はなにかホッとした気分にさえなった。戦後一貫してアイマイウヤムヤにしたまま放っておいたことが、なにもかも、これで水に流されたような気になった。かくして、昭和天皇は、いまあらためて、このような日本人の象徴となったのである。

　だからこそ、その天皇の責任をわたしたちはいま追及しなければならない。過去のことはともかく、戦後、象徴となって以来の天皇がついに責任をとることなくすべてをアイマイウヤムヤにしてきたということは、このわたしたちがいまそうしているということにほかならないのだから。天皇が責任をとらなかったことのつけ、わたしたちに先行する世代が責任をとらなかったことのつけは、いま確実にこのわたしたちにまわされてきているのだから。それを支払わされるのは、ほかのだれでもない、このわたしなのだから。

　このいま追及するとは、どういうことか。すべてを明らかにすることである。彼の死を機に歴史に密輸されるであろうすべての偽りの事績《じせき》を追放すること、彼の陵墓を飾るであろうもろもろの虚飾を剥ぎとること、そしてまた、アジアの他の国々のひとびとと真に共有しうる歴史認識をもとめ、得られた共通の言葉によって歴史を書きかえることである。そのことは、同時に、かつて〈殺し・殺される者〉たらしめられたわたしたちの責任を今度こそわたしたち自身の手でハッキリさせること、この肝心かなめのことをアイマイウヤムヤにしたままで、いや侵略の過去を栄光の過去に塗りかえることによっていまふたたび〈殺し・殺される者〉に仕立てあげられようとしている現在のわたしたちのありようを、わたしたち一人一人が、それぞれの場でそれぞれに固有の〈わたし〉の問題に対決していくことによって、変革することにほかならない。

（『破防法研究』六五号、一九八九年五月）

番外編　著者インタビュー

［番外編］

著者インタビュー

――著者・彦坂諦さんへのインタビューを掲載します。ここ数年、彦坂さんは入退院を繰り返し、執筆・講演等の表現活動から遠ざかっていたので、本書発行のこの機会に、天皇制等の問題について、改めてお話を伺うことにしました。ただ、現在（本書編集時）、彦坂さんは高齢者介護施設に入所していて、面会はコロナ対策でガラス越し、なおかつ、僅かの時間しか許されません。そのため、本インタビューは、二〇二二年八月から九月にかけて、手紙のやりとりを通して行いました。（編集部）

聞き手　編集部・谷口和憲

●小室夫妻のこと

――本書『天皇のはなしをしましょう』の本編に書かれていないことで、お尋ねしたいことがあります。ここ数年、小室圭さん、眞子さんのことが週刊誌などで騒がれていますが、彦坂さんは一連のニュース・報道をどのようにご覧になっていますか？

彦坂　報道のされかたそれ自体を馬鹿馬鹿しく感じています。不快ですね。この二人の結婚は、二人の私事であって、端からとやかく言われることではないはずです。眞子さんが天皇家の一員だというだけでメディアが騒ぎ立てる。それこそ、天皇家の人たちを特別視すること、言い換えれば、彼らの市民的権利を無視することにつながります。もっとも、天皇が天皇であるかぎり、つまり、天皇であることを自発的にやめないかぎり、天皇家のひとびとは市民的権利を真に得ることはできないでしょうがね。

——同感です。私の知り合いにこの件について聞いたところ、「小室さんは天皇家に相応しくない。結婚は許されない」と言ったのには驚きました。戦後の憲法には結婚は「両性の合意のみに基づく」とありますが、人々の意識は戦前の家制度に縛られていて、それが天皇制を支えているとも言えるでしょうか。

彦坂　「結婚」に関することとなると、ひとびとの意識のありようが見えてきます。そこにはあいもかわらぬ「家制度」の「常識」がいまだに生きています。なのに、そう感じているひとは少ないでしょう。「家制度」に縛られていることが「天皇制」を支えている、などとは意識していないでしょうね。

——小室さんと眞子さんは結婚式はせず、皇室を離れるときも一時金を辞退しています。これは本書のサブタイトルである「あたりまえ」に反した、と言えないでしょうか？　バッシングを受けているのはそのためではないでしょうか？

彦坂　まさにそのとおりですね。ところで、バッシングしているのは一般庶民なんです。理解できないのでしょう、小室さんと眞子さんが、幾重もの桎梏《しっこく》の中で、なんとか自分たちの〈私事〉を守ろうとしている姿勢が。それと、今の天皇が皇太子だった頃、「雅子の人格が否定された」という発言がありました。このときも同じことを思いました。めずらしかったですね。こういう姿勢が皇室のなかから生ずるなんて。

●天皇の人権について

――明仁天皇（現上皇）が退位の意向を示したとき、天皇の人権について話題になりました。彦坂さんは天皇の人権についてどのように思われますか?

彦坂　天皇が「天皇」という地位に留まっているかぎり、「民主的・市民的人権」は剥奪されている。そう、わたしは考えています。「天皇」という存在それ自体が市民的人権という概念に適合しないからです。

――生前退位については、ヨーロッパの王室で認められていることもあって、「賛成」という意見が世論調査では多かったようです。彦坂さんはこの結果についてはどのように思われますか?

彦坂　そもそも「王室」なる存在を肯定・認知しているからこそ「退位」に賛成か否かを表明しうるのであって、「王室」の存在を認めていない立場からは「即位」であろうが「退位」であろうが、関心の外でしかないでしょう。「生前」であると「死後」であるとを問わずです。

――「関心の外」というのはよくわかります。一方、天皇がビデオメッセージで退位の意向を示したのは、そもそも憲法違反であり、また、それに多くの人々が同情したことによって、天皇制の強化に繋がったという意見もありますが、彦坂さんはどのように思いますか？

彦坂　「ビデオメッセージ」といった手段を用いたところにわたしはむしろ共感しますね。だれもがわかる形で、おのれの本心を語ったからです。現代の機器・伝達手段を上手に利用しています。あれが「天皇制の強化」につながるというのは思い過ごしではないのかなあ。（『憲法違反』という指摘については）憲法違反もへったくれもないでしょう。そもそも天皇制そのものが憲法違反なのですから。天皇条項のどこがどのように憲法違反であるというよりは、全体をひっくるめて天皇制を規定する条項すべてが憲法違反です。

●女性天皇について

――男女平等という視点から男系にこだわるのはおかしい、女性天皇を認めるべきだという意見がありますが、彦坂さんは賛成されますか？

彦坂　そもそも天皇などという〈けったいな〉存在は、できるかぎり早急に消滅させたほうがいい、と、わたしは考えていますので、〈男女平等〉か否かなどの市民の権利に関することは論ずる余地がありません。

――リベラルと呼ばれる人たちの中には、皇位継承の観点から女性天皇に賛成する人たちがいますが、それはそもそも天皇制の存続が前提ですから、彦坂さんから見れば論外ということですね？

彦坂　そうですね。論外です。「天皇制」は「政治制度」です。である以上、その存在を認めるか認めないかは、このわたし（たち）がいま現に生きている原理、つまり民主主義の原理から、わたし（たち）自身が決める。ただ、認めていない制度であっても、現に存在している制度ではあるのだから、そこで生起する問題に関しては無関心でありえない。この立場からすれば女性が天皇になることを否定する根拠はないでしょう。

――彦坂さんは天皇制を無くした方がよいと考えているので、女性天皇は論外、すなわち反対ということでしょうが、ただ、象徴天皇制を支持する人が、皇室内の男女平等や女性天皇について賛成することは一定程度、理解できるということですね。

彦坂　まあ「一定程度」ですがね。根本的なところ、つまり「象徴」という冠《かんむり》がついているかいないかではなく、天皇制という政治制度を支持するという姿勢のなかでのことです。ならば、男女平等は望ましいし、女性天皇の出現に反対するいわれはないでしょう。

●〈精神的拠り所〉としての天皇制

――象徴天皇制を必要と考える人たちは、天皇を日本人の伝統的、精神的な拠り所として、世俗的な権力を超越した存在、すなわち「象徴」として必要とする考え方が主流のようです。この考え方についてはどう思われますか?

彦坂　おろかです、そういった考え方は。歴史的に見ても、天皇が、このようなひとびとの持ちあげたがるような存在であったことなどない。そう〈思いたい〉だけのことです。それに、〈世俗的権力を超越した存在〉などありえようもなく、事実、歴史上あったこともない。すべては思い過ごしにすぎません。もし、宗教のように〈精神的拠り所〉を求めるにしても、それは個人が私的に求めるか否かに関わることであって、「国家」といった公的存在が判断したり決定したりすることではないでしょう。いや、してはいけないことです。

——象徴天皇制を支持する人の中には「戦前の天皇制と戦後の象徴天皇制は違う。象徴天皇制と民主主義は共存できる」という意見がありますが、どのように思いますか。

彦坂　そう思いたければ思えばいいでしょう。そもそも象徴天皇制とは、旧大日本帝国の要人たちとアメリカ占領軍との取り引きによって、ヒロヒトという名の人間の肉体を滅ぼさないために生み出されたものでしかなかったのですから、〈戦後民主主義〉と共存できるのはあたりまえです。

——ということは、彦坂さんは〈戦後民主主義〉は本当の民主主義ではない、と思っていらっしゃるのでしょうか?

彦坂　そのとおり。〈戦後民主主義〉は日本の人民がつくったものではありません。そもそもこの日本列島の住民に〈民主主義〉が〈原始共産主義〉を除いて定着したことがありえたか? 〈戦後〉という冠をかぶせたところで、ありえなかったし、ありえないでしょう。それよりもわたしたちはこの際、いい機会だから、この私(たち)にとっての民主主義とはなにか、ということについて根底的に考えるといいでしょう。

●ロシアのこと

——彦坂さんは大学院でロシア文学を専攻し、大学ではロシア語を教えてこられ、また、旧ソ連に仕事でよく行かれていたとのことです。二〇二二年二月、ロシアがウクライナに侵攻しましたが、彦坂さんは現在のロシアについて、どのように受けとめていらっしゃいますか?

彦坂　現在のロシアは、事実上、プーチンという名の〈帝王〉をいただいた君主国であり、そこに違和を感じないひとびとの国家になってしまっています。この国家がウクライナ侵攻などという愚挙に出たのも、いわば当然のこと。こんな愚かな戦争を、もしロシアの民衆が支持しているのだと知ったなら、トルストイ伯はいかほど嘆くでありましょうか?

——ロシアのテレビ局のスタッフが放送中に「NO WAR!」とプラカードを掲げたり、街頭で反戦の意思表示をしたりする人も少数ながらいるようです。表だっては見えないものの、トルストイの文学はロシアの人々の心の中にある、というのは、甘い見方でしょうか?

彦坂　「甘い見方」であるかないか、わたしには判断はできませんが「トルストイの文学」にかぎらず、「文学」がロシアのひとびとの「心の中にある」と見ることはできますね。

——それは、旧ソ連に彦坂さんが行かれて、人々と交流して実感したからでしょうか。

彦坂　そうですね。「実感」したと言っていいでしょう。アムール下流域のロシア人庶民たちは、一九世紀ロシア文学の作家や作品・作中人物に共感していたようですね。現代のロシアの若者についてはわかりませんが、すくなくとも一九六〇年代から一九八〇年代の若者にとって、一九世紀ロシア文学は心の中にあったと言えます。それはトルストイとかツルゲーネフといった名前を普通の庶民がたやすく口にしたことからもわかります。みんなよく知っていたのです。作家・詩人の言葉を聞き知っていた。それらの作家・詩人が自分にとってどんな存在であるのか、自分の言葉で語りあっていました。

●中国への思い

——二〇二二年八月、ペロシ米下院議長が台湾を訪れたことに対抗して、中国が台湾周辺にミサイルを撃ち込み、緊張が高まっています。一二歳のとき、中国で日本の敗戦を迎えられた彦坂さんは、現在の中国をどのように見ていらっしゃいますか？

彦坂　現在の中国は、もはや、「没有共産党就没有新中国（共産党がなければ新しい中国はない）」

と歌われたあの時代の新鮮な輝きに照らされていた〈くに〉とはまったく異質の、かぎりなく愚かなただの国家になりさがっています。ああ、かつての、あの輝かしかった中国共産党は、どこへ消えてしまったのか⁉

――「あの輝かしかった中国共産党」とは、具体的にどのようなものだったのでしょうか？

彦坂　「大日本帝国」の威力が消滅した後の大連市に長期に渡って続いていた「混乱」、具体的には法規無視と掠奪を、占領ソ連軍は結局のところ収拾できませんでした。それをみごとになしとげたのは中国共産党の「八路軍」でした。八路軍が入ってきたとき、その服装がバラバラで貧しかったのに驚きました。けど、彼らの行動は、それはもうみごとに正しかった。

――どのように「みごとに正しかった」のでしょうか？

彦坂　最初、ソ連軍の占領下に暮らすことになって、「ソ連」という立派であったはずの国家の兵たちのマナーの悪さに幻滅しました。「ソヴィエト社会主義連邦共和国」に、やはり期待したかったのでしょうね。しかし、現実にはなんのことはない。普通の占領軍でした。これと鮮やかな対照を見せたのが、貧弱なボロ服を着た八路軍の兵士たちでした。彼らの行動は正しく、〈為人民服務〉（人民に奉仕する）兵士たちでした。

――ソ連軍が旧満州国へ進行してきたとき、日本人居留民がソ連兵から時計などの貴重品を取り上げられたり、女性が強姦されたりしたという証言が残っていますが、八路軍はそういうことはなかったのでしょうか？

彦坂　少なくともわたしは体験していないし、実見していない。八路軍はそんなことはなかったという、強い印象だけは残っています。

●自分の頭で考え、自分のからだで実現する

――本書の読者へメッセージをお願いします。

彦坂　だれによるのでもなく、ご自分の頭で考え、そこで考えたことを、ご自分のからだで実現してください。

――彦坂さんがそうおっしゃるのは、中国で日本の敗戦を体験して、価値観が大きく転換した経験がおありだからでしょうか？　この点についてもう少しお話しいただけますか？

彦坂　一九四五年八月の時点で、わたしは「大日本帝国」によって育成された愛国・軍国少年にすぎませんでした。そのわたしがこのいまのわたしに変わりうるまでには、むろん、わたし自身の努力も必要でしたが、外からの「攻撃」も大きかった。「攻撃」してきたのは、かつての被支配・被抑圧民族であった中国民族の少年たちが中心でした。いまにして、つくづく思うのですが、この「攻撃」に遭わなかったら、わたしが日本民族の一員として中国民族を抑圧していたことにすら気づくことができなかったでしょう。

――中国の少年の「攻撃」とは具体的にどのようなものだったのでしょうか？

彦坂　豆腐の行商をしていたわたしをとりかこみ、バケツに石を投げ入れて、商品の豆腐を台なしにしてしまう。立ち売りの屋台をとりかこみ、四方八方からいっせいに手を出して商品をかっぱらう。反発しましたよ。抵抗もしたし、〈仕返し〉に、よわい奴を狙って殴ったりしました。そんなことをしているうちにこれはわたしが〈日本人〉だからなのだと気がついた。かれらにしてみれば、いい日本人もへったくれもない。〈しかえし〉しているだけだったのです。

――なぜ、そう思うことができたのでしょう？　先程、話にあった中国共産党の行動の「正しさ」があったからでしょうか？

彦坂　そのとおりです。最初に大連を占領していたソ連軍は失脚しますが、その後、中国共産党が占領して以来、〈しかえし〉はなくなりました。「権力と民衆を混同しない」、彼らの住民教育の成果です。

●彦坂さんのいまとこれから

――彦坂さんは転倒されて入退院を繰り返され、今は介護施設にいらっしゃるとのことですが、毎日、どのように暮らしていらっしゃいますか？

彦坂　いま、なによりこわいのは転倒です。一度転ぶだけで、その後遺症はかぎりなく大きい。

いつごろからこのように両足ともおとろえてしまったのか、まったく記憶には残っていない。気づいたときには、もう、この状態でした。毎日、ほとんどベッドでくらしていました。いまでは、ちゃんと机に向かって書けるようになってますが。身体はかなりの損傷を受けていますが、精神は健全です。いえ、ますます冴えわたっています。線香花火が燃え尽きる寸前のように。

――八九歳で「ますます冴えわたっている」とはすばらしいですね！　まだまだ燃え尽きないで、リハビリに励んで、これからも発言して下さい。どうもありがとうございました。(了)

あとがき

はじめは、これまで、天皇制に関して書いてきたものをまとめて一冊の本にするつもりでした。こういう本を、よほど独特な、説得力のあるものでないかぎり、いえ、そういうものであったらなおさら、出してくれる出版社は、いまでは、まず、なくなっています。ところが、偶然、『戦争と性』誌編集者の谷口和憲さんが出版を引き受けてくれることになり、この本が陽の目を見ることになりました。

出版元が決まる前、企画の段階で、デザイナーの白岩砂紀さんと二人で、どんな本にするかの「打ちあわせ」をやりました。このときです、ふつうの「打ちあわせ」ではなく、この本を、どういうひとたちにむけて、どのように語りかけるものにするかについて、あらためて、ながくくわしい議論をかさねた結果、根底的な変化が生じたのは。

わたしの原稿も、たしかに、天皇制反対の姿勢でつらぬかれていました。その意味では、それまで世に問われてきた本たちとかわりはなかった。ただ、すこうしちがったところがあったとすれば、政治的に反対の姿勢・主張を明確におしだしているというよりは、なぜ、天皇制がなくならないのか、といったところに、関心が集中していたのですね。

そのことが、この「打ちあわせ」のなかで、ハッキリしてきました。とすれば、このわたしが世に問うべき本は、そこに焦点をあわせるべきではないか？　天皇制がなぜなくならないのかといえば、わたしたち民衆が、大多数は無意識のうちに、天皇制を「支えて」いるからです。問題は、その「支えかた」にあります。別な言いかたをするなら、天皇制を支えているわたしたち民衆の意識にあるのですね。

この意識にはたらきかけて、天皇制を「支えて」しまっている意識のありようを具体的にあきらかにし、批判していくことによって、この意識をみずから変えていこうとする「きもち」を、具体的にほりおこしていくことはできないだろうか？　そこにこそ、この本を世に問う意味が具体的にあるのではないか？

そのときのはなしあいのなかから、わたしたち民衆が天皇制を、無意識のうちにであれ、支えてしまっているのは、それが「あたりまえ」だっておもわれているからではないのか、というところにたどりつきました。

そこで、まず、わたしたちが「あたりまえ」だとおもっていることは、ほんとうに、あたりまえなのかを、できるだけ具体的に検討してみようという姿勢に達し、この本の基底を構成する論考「『あたりまえ』だとおもっていることは、ほんとうにあたりまえなのでしょうか？」が書かれました。これが基底となって、そののち、いろいろな側面から、このことを考えていこうとする姿勢が、この本の底流となったわけです。

あたりまえだと思っていることについて、ひとはなぜあたりまえなのか考えたりしません。だって、考えることなどできないか、不必要なので「あたりまえ」なのですから。

それでもなお、というより、それだからこそ、こういった「あたりまえ」であると思われ、そうあつかわれていることどもに、たとえわずかであっても疑問を感じたら、なぜそれはそうなのか、それ以外ではありえないのか、考えてみることはけっして意味のないことではないでしょう。

二〇二二年秋

彦坂　諦

彦坂 諦（ひこさか・たい）

1933年、仙台で生れ、山口で育つ。

1945年、父の転勤に伴い「大日本帝国」の植民地都市「旅順」に移り、ここで敗戦を迎え、まもなく難民として大連に追放された。

1949年、中国・大連より「引揚者」として帰国。

東北大学で日本史を、早稲田大学大学院でロシア文学を学んだ。

木材検収員などのアルバイトで生計を維持しながら、1978年より1995年まで、約17年の歳月をかけて、シリーズ「ある無能兵士の軌跡」を完成させた（全9巻、柘植書房新社、第一部『ひとはどのようにして兵となるのか』上下、第二部『兵はどのようにして殺されるのか』上下、第二部別巻『飢島 1984 ←→ 1942』、第二部別冊『年表ガダルカナル 1942.10/1-27』、第三部『ひとはどのようにして生きるのびるのか』上下、第三部別巻『総年表・ある無能兵士の軌跡』)。

同シリーズは、わたしたちの日常に潜む戦争の根を、わたしたち自身が内在化している能力信仰、集団同調、異分子排撃などの問題として追究。また、その過程で書かれた『男性神話』(径書房)は「軍隊慰安婦」問題に対する男性の側からの真摯な発言として注目された。

他に『餓死の研究』（立風書房）、『女と男 のびやかに歩きだすために』(梨の木舎)、『無能だって？それがどうした?!』(同)、『九条の根っこ』(れんが書房新社)、『文学をとおして戦争と人間を考える』(同)、『クオ・ヴァディス？　ある愛国少年の転生』（柘植書房新社）、『亜人間を生きる』(「戦争と性」編集室）などの著書がある。

天皇のはなしをしましょう
――「あたりまえ」だとおもっていることは、
ほんとうにあたりまえなのかしら？

発行日　2023年1月30日　第1刷
著者　彦坂 諦
装幀　白岩砂紀
発行者　谷口和憲
発行所　「戦争と性」編集室
〒197-0802　東京都あきる野市草花3012-20
TEL・FAX 042-559-6941
http://sensotosei.world.coocan.jp/
E-Mail : sensotosei@nifty.com
印刷・製本　モリモト印刷

ISBN 978-4-902432-29-9　Printed in Japan

戦争と性

34号

特集　性暴力のない社会へ――「自分ごと」として考える

A5判　一八八頁　本体一二〇〇円

性暴力をなくすにはどうすればよいのか？　性暴力被害当事者、法律家、研究者、教員、市民活動家など、様々な立場からの提言と、「自分ごと」として考える三七名の読者からの投稿も含めた、「希望」に向けたメッセージ。

被害者が望む法改正とは　山本 潤／広河隆一氏の性暴力事件に向き合う――男が自らを変えるために　金子雅臣／性暴力被害を受け止めることのできる社会へ　金富子／不同意性交が性暴力犯罪にならないのはなぜ　角田由紀子／他

33号

特集　象徴天皇制について考える――タブーなき議論に向けて

A5判　二三八頁　本体一二〇〇円

憲法で天皇の地位が「総意に基づく」とある以上、その総意をつくっていくのは主権者一人一人。そのためには少数意見を排除することなく、自由な議論が必要とされている。「タブー視しない」「知る」「考える」「語り合う」ための手がかりを提示。

憲法の視点で天皇制の監視を　横田耕一／日本軍「慰安婦」制度と天皇制　鈴木裕子／天皇の「平和主義」が日本の歴史認識を歪める　井上 森／天皇に人権を――天皇制の終わり方　上杉 聰／退位する明仁天皇への公開書簡　久野成章　田中利幸／他

「戦争と性」編集室発行

アルゼンチン　正義を求める闘いとその記録
——性暴力を人道に対する犯罪として裁く！

アクティブ・ミュージアム「女たちの戦争と平和資料館」（ｗａｍ）編

国家による過去の犯罪、人権侵害をどう裁くのか。アルゼンチンから、性暴力サバイバー、人権団体代表など、三人を日本に招いて、二〇一八年一〇月、上智大学で開かれた国際シンポジウムの記録。

Ａ５判　八六頁　本体七〇〇円

戦争と性をみつめる旅
——「加害者」の視点から

谷口和憲

世界は反戦、反差別、非暴力を願う人々で繋がっている！　一九八九年から二年間、海外の一四ヵ国の平和人権団体を訪ねた旅の記録。民族、文化、宗教の違いはありながらも共通して存在する「戦争と性」の問題について、とりわけ「加害者」の視点にこだわりながら考える。ミニコミ誌『戦争と性』発行人の「原点」ともいうべき著書。

四六判　二四九頁　本体一八〇〇円

「戦争と性」編集室発行

亜人間を生きる——白井 愛 たたかいの軌跡

彦坂 諦

その身と心を賭けて、自分をおしつぶすすべてに刃むかい、自立して自由に生きたひとりの女と、その女を愛し敬い、その身と心を賭けて、ともに生きるために苦悶した男の生涯。その共生はどこまで可能だったのか？女の死後、一三年、男は、われとわが生の真実にせまっていく。

Ａ５判 四一〇頁 本体三〇〇〇円

「戦争と性」編集室発行